图解
2017全国两会

TUJIE 2017 QUANGUO LIANGHUI

新华网 编

人民出版社

出版说明

2015、2016年，我们连续出版了《图解2015全国两会》《图解2016全国两会》两书，产生了良好反响。在此基础上，我们接续出版本书。

本书由人民出版社邀请新华网编制。全书通过图示、图表、图片等形式，对2017年全国两会概况、会议期间审议通过的各类重要文件以及大众普遍关注的两会热点话题，进行了简要系统的梳理和解读。书中还通过二维码收录了若干重要视频，这些视频有助于读者通过新媒体更加立体地感受和理解2017年全国两会精神。

书中不足之处，尚请读者指正。

人民出版社

2017年3月

目 录

CONTENTS

两会议程日程

两会文件精神

两会热点传真

附 录

两会议程日程

第十二届全国人民代表大会第五次会议议程

（2017 年 3 月 4 日第十二届全国人民代表大会第五次会议预备会议通过）

1 听取和审议国务院总理李克强关于政府工作的报告

2 审查和批准国务院关于 2016 年国民经济和社会发展计划执行情况与 2017 年国民经济和社会发展计划草案的报告

批准 2017 年国民经济和社会发展计划

3 审查和批准国务院关于 2016 年中央和地方预算执行情况与 2017 年中央和地方预算草案的报告

批准 2017 年中央预算

4 审议全国人民代表大会常务委员会关于提请审议《中华人民共和国民法总则（草案）》的议案

5 审议全国人民代表大会常务委员会关于提请审议《第十二届全国人民代表大会第五次会议关于第十三届全国人民代表大会代表名额和选举问题的决定（草案）》的议案

6 审议全国人民代表大会常务委员会关于提请审议《中华人民共和国香港特别行政区选举第十三届全国人民代表大会代表的办法（草案）》的议案

7 审议全国人民代表大会常务委员会关于提请审议《中华人民共和国澳门特别行政区选举第十三届全国人民代表大会代表的办法（草案）》的议案

8 听取和审议全国人民代表大会常务委员会委员长张德江关于全国人民代表大会常务委员会工作的报告

9 听取和审议最高人民法院院长周强关于最高人民法院工作的报告

10 听取和审议最高人民检察院检察长曹建明关于最高人民检察院工作的报告

11 其他

第十二届全国人民代表大会第五次会议日程

3.5 星期日

9:00 开幕会

- 听取国务院总理李克强关于政府工作的报告
- 审查国务院关于2016年国民经济和社会发展计划执行情况与2017年国民经济和社会发展计划草案的报告
- 审查国务院关于2016年中央和地方预算执行情况与2017年中央和地方预算草案的报告

15:00 代表团全体会议

- 审议政府工作报告

3.6 星期一

9:00 代表小组会议

- 审议政府工作报告

15:00 代表小组会议

- 审议政府工作报告

3.7 星期二

9:00 代表团全体会议

- 审查计划报告和预算报告

15:00 代表小组会议

- 审查计划报告

3.8 星期三

9:00 代表小组会议

- 审查预算报告

15:00 第二次全体会议

- 听取全国人大常委会委员长张德江关于全国人民代表大会常务委员会工作的报告
- 听取全国人大常委会副委员长李建国关于中华人民共和国民法总则草案的说明
- 听取全国人大常委会副委员长兼秘书长王晨关于第十三届全国人民代表大会代表名额和选举问题的决定草案的说明
- 听取全国人大常委会副委员长兼秘书长王晨关于中华人民共和国香港特别行政区选举第十三届全国人民代表大会代表的办法草案的说明
- 听取全国人大常委会副委员长兼秘书长王晨关于中华人民共和国澳门特别行政区选举第十三届全国人民代表大会代表的办法草案的说明

3.9 星期四

9:00 代表团全体会议

- 审议全国人大常委会工作报告

15:00 代表小组会议

- 审议全国人大常委会工作报告

3.10 星期五

9:00 代表团全体会议

■审议民法总则草案、关于第十三届全国人大代表名额和选举问题的决定草案、香港特别行政区选举第十三届全国人大代表的办法草案、澳门特别行政区选举第十三届全国人大代表的办法草案

15:00 代表小组会议

■审议民法总则草案、关于第十三届全国人大代表名额和选举问题的决定草案、香港特别行政区选举第十三届全国人大代表的办法草案、澳门特别行政区选举第十三届全国人大代表的办法草案

3.11 星期六

代表休息

3.12 星期日

9:00 第三次全体会议

■听取最高人民法院院长周强关于最高人民法院工作的报告

■听取最高人民检察院检察长曹建明关于最高人民检察院工作的报告

15:00 代表团全体会议

■审议民法总则草案修改稿、关于第十三届全国人大代表名额和选举问题的决定草案修改稿、香港特别行政区选举第十三届全国人大代表的办法草案修改稿、澳门特别行政区选举第十三届全国人大代表的办法草案修改稿和最高人民法院工作报告、最高人民检察院工作报告

3.13 星期一

9:00 代表小组会议

■审议最高人民法院工作报告和最高人民检察院工作报告

15:00 代表小组会议

■审议最高人民法院工作报告和最高人民检察院工作报告

3.14 星期二

9:00 代表小组会议

■审议关于政府工作报告、年度计划、年度预算的三个决议草案

15:00 代表团全体会议

■审议各项决议草案和民法总则草案建议表决稿、关于第十三届全国人大代表名额和选举问题的决定草案建议表决稿、香港特别行政区选举第十三届全国人大代表的办法草案建议表决稿、澳门特别行政区选举第十三届全国

人大代表的办法草案建议表决稿、全国人大常委会关于接受徐显明辞去第十二届全国人大常委会委员职务的请求的决定

3.15 9:00 闭幕会
星期三

- 表决关于政府工作报告的决议草案
- 表决关于 2016 年国民经济和社会发展计划执行情况与 2017 年国民经济和社会发展计划的决议草案
- 表决关于 2016 年中央和地方预算执行情况与 2017 年中央和地方预算的决议草案
- 表决中华人民共和国民法总则草案
- 表决关于第十三届全国人民代表大会代表名额和选举问题的决定草案
- 表决中华人民共和国香港特别行政区选举第十三届全国人民代表大会代表的办法草案
- 表决中华人民共和国澳门特别行政区选举第十三届全国人民代表大会代表的办法草案
- 表决关于全国人民代表大会常务委员会工作报告的决议草案
- 表决关于最高人民法院工作报告的决议草案
- 表决关于最高人民检察院工作报告的决议草案
- 表决关于确认全国人民代表大会常务委员会接受徐显明辞去第十二届全国人民代表大会常务委员会委员职务的请求的决定草案

闭幕

十二届全国人大五次会议新闻发布会

中国人民政治协商会议
第十二届全国委员会第五次会议议程

（2017 年 3 月 3 日政协第十二届全国委员会第五次会议通过）

1. 听取和审议政协全国委员会常务委员会工作报告
2. 听取和审议政协全国委员会常务委员会关于政协十二届四次会议以来提案工作情况的报告
3. 列席第十二届全国人民代表大会第五次会议，听取并讨论政府工作报告及其他有关报告，讨论民法总则草案
4. 审议通过政协第十二届全国委员会第五次会议政治决议
5. 审议通过政协第十二届全国委员会第五次会议关于常务委员会工作报告的决议
6. 审议通过政协第十二届全国委员会提案委员会关于政协十二届五次会议提案审查情况的报告
7. 审议通过人事事项

全国政协十二届五次会议新闻发布会

中国人民政治协商会议
第十二届全国委员会第五次会议日程

3.3 星期五

15:00 政协十二届五次会议开幕会

- 审议通过政协第十二届全国委员会第五次会议议程
- 听取俞正声主席关于政协全国委员会常务委员会工作的报告
- 听取马培华副主席关于政协全国委员会常务委员会关于政协十二届四次会议以来提案工作情况的报告

3.4 星期六

9:00 小组会议
- 审议常委会工作报告和提案工作情况报告

15:00 小组会议
- 审议常委会工作报告和提案工作情况报告

3.5 星期日

9:00 列席十二届全国人大五次会议开幕会
- 听取国务院总理李克强关于政府工作的报告

15:00 小组会议
- 讨论政府工作报告

3.6 星期一

9:00 小组会议
- 讨论政府工作报告

15:00 小组会议
- 讨论政府工作报告

3.7 星期二

9:00 小组会议
- 讨论计划报告和预算报告

15:00 界别联组会议
- 有两个以上小组的界别安排联组形式，联系本界别实际讨论政府工作报告

3.8 星期三

全天委员休息

3.9 星期四

9:00 小组会议
- 讨论民法总则草案

15:00 政协十二届五次会议第二次全体会议
- 大会发言

3.10 星期五

9:00 小组会议
- 围绕《关于加强和改进人民政协民主监督工作的意见》学习讨论、结合常委会工作报告和政协全国委员会 2017 年协商计划讨论政协工作

10:30 主席会议
- 审议人事事项

11:00 政协第十二届全国委员会常务委员会第二十次会议第一次全体会议
- 审议通过人事事项

15:00 政协十二届五次会议第三次全体会议
- 大会发言

3.11 星期六

9:00 小组会议
- 审议人事事项，围绕本小组关注的热点问题议政建言

15:00 政协十二届五次会议第四次全体会议
- 大会发言

3.12 星期日

9:00 列席十二届全国人大五次会议第三次全体会议
- 听取最高人民法院院长周强关于最高人民法院工作的报告
- 听取最高人民检察院检察长曹建明关于最高人民检察院工作的报告

15:00 小组会议
- 审议各项决议草案，讨论“两高”工作报告

16:30 主席会议
- 听取政协第十二届全国委员会第五次会议情况的综合汇报
- 审议提交政协第十二届全国委员会常务委员会第二十次会议审议的有关文件

17:30 政协第十二届全国委员会常务委员会第二十次会议第二次全体会议
- 通过人事事项
- 通过政协第十二届全国委员会第五次会议关于常务委员会工作报告的决议（草案）
- 审议通过政协第十二届全国委员会提案委员会关于政协十二届五次会议提案审查情况的报告（草案）
- 通过政协第十二届全国委员会第五次会议政治决议（草案）

3.13 星期一

9:30 政协十二届五次会议闭幕会
- 通过人事事项
- 通过政协第十二届全国委员会第五次会议关于常务委员会工作报告的决议
- 通过政协第十二届全国委员会提案委员会关于政协十二届五次会议提案审查情况的报告
- 通过政协第十二届全国委员会第五次会议政治决议

两会文件精神

政府工作报告

报告内容总览

I 2016年工作回顾

主要成绩

主要工作

- 继续创新和加强宏观调控，经济运行保持在合理区间
- 着力抓好“三去一降一补”，供给结构有所改善
- 大力深化改革开放，发展活力进一步增强
- 强化创新引领，新动能快速成长
- 促进区域城乡协调发展，新的增长极增长带加快形成
- 加强生态文明建设，绿色发展取得新进展
- 注重保障和改善民生，人民群众获得感增强
- 推进政府建设和治理创新，社会保持和谐稳定
- 其他：党建、外交、庆祝建党95周年、纪念长征胜利80周年等

困难和问题

II 2017年工作总体部署

总体要求

困难、挑战与优势

主要预期目标

宏观经济政策

- 财政政策要更加积极有效
- 货币政策要保持稳健中性

今年工作要把握好五点

- 贯彻稳中求进工作总基调，保持战略定力
- 坚持以推进供给侧结构性改革为主线
- 适度扩大总需求并提高有效性
- 依靠创新推动新旧动能转换和结构优化升级
- 着力解决人民群众普遍关心的突出问题

III 2017年重点工作任务

- 用改革的办法深入推进“三去一降一补”
- 深化重要领域和关键环节改革
- 进一步释放国内需求潜力
- 以创新引领实体经济转型升级
- 促进农业稳定发展和农民持续增收
- 积极主动扩大对外开放
- 加大生态环境保护治理力度
- 推进以保障和改善民生为重点的社会建设
- 全面加强政府自身建设
- 其他：民族、宗教、侨务、国防、港澳台、外交

无人机航拍: 换个姿势看报告

关于民生，总理报告话中有“画”

政府工作报告出炉幕后

报告内容速读

2016年工作回顾

2016年经济社会发展主要目标任务圆满完成

“十三五”实现了良好开局

• 经济运行缓中趋稳、稳中向好

国内生产总值达到

74.4万亿元 ↑**6.7%**

名列世界前茅

对全球经济增长的贡献率

超过30%

居民消费价格 ↑**2%**

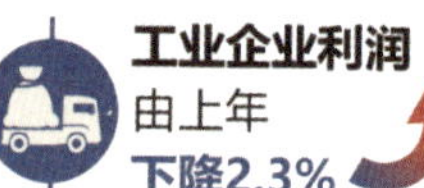

工业企业利润

由上年

下降2.3%

转为**增长**

8.5%

单位国内生产总值能耗 ↓**5%**

• 就业增长超出预期

全年城镇新增就业

1314万人

高校毕业生

就业创业人数再创新高

年末城镇登记失业率

4.02%为多年来最低

• 改革开放深入推进

◆ 重要领域和关键环节改革取得**突破性进展**

◆ 供给侧结构性改革**初见成效**

◆ 对外开放推出**新举措**

◆ 一批重大工程和国际产能合作项目落地

◆ “一带一路”建设**进展快速**

• 经济结构加快调整

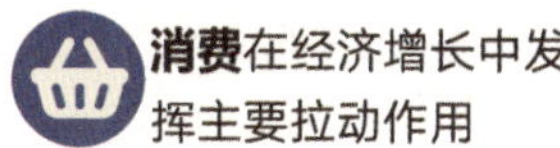

消费在经济增长中发挥主要拉动作用

服务业增加值占国内生产总值比重**上升到51.6%**

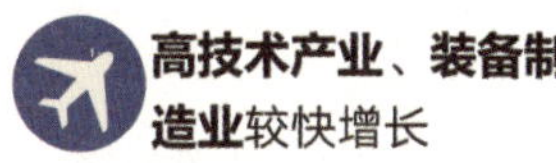

高技术产业、装备制造业较快增长

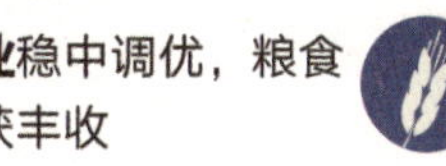

农业稳中调优，粮食再获丰收

• 发展新动能不断增强

创新驱动发展战略深入实施

科技领域取得一批国际领先的重大成果

新兴产业蓬勃兴起，传统产业加快转型升级

大众创业、万众创新广泛开展

全年新登记企业**增长24.5%**

平均每天**新增1.5万户**

加上个体工商户等

各类市场主体**每天新增4.5万户**

• 基础设施支撑能力持续提升

新建**高速铁路**投产里程

超过1900公里

新建改建**高速公路**

6700多公里

农村公路**29万公里**

城市轨道交通、地下综合管廊建设加快

新开工重大水利工程

21项

新增**第四代移动通信用户3.4亿、光缆线路550多万公里**

• 人民生活继续改善

全国居民人均可支配收入实际**增长6.3%**

农村贫困人口

减少1240万

农村危房改造

380多万户

易地扶贫搬迁人口

超过240万

国内旅游快速增长

出境旅游**超过1.2亿人次**

棚户区住房改造

600多万套

城乡居民生活水平有新的提高

2016年主要工作

1 继续创新和加强宏观调控，经济运行保持在合理区间

全面推开营改增试点，全年降低企业税负**5700多亿元**，所有行业实现税负只减不增。

扩大地方政府存量债务置换规模，降低利息负担约**4000亿元**。

稳健的货币政策灵活适度，广义货币M_2**增长11.3%**，**低于13%左右**的预期目标。

2 着力抓好“三去一降一补”，供给结构有所改善

以钢铁、煤炭行业为重点去产能，全年退出钢铁产能**超过6500万吨**、煤炭产能**超过2.9亿吨**，超额完成年度目标任务，分流职工得到较好安置。

3 大力深化改革开放，发展活力进一步增强

2016年又**取消165项**国务院部门及其指定地方实施的审批事项，

清理规范192项审批中介服务事项、

220项职业资格许可认定事项。

完善促进外贸发展措施，新设**12个**跨境电子商务综合试验区，进出口逐步回稳。

推广上海等自贸试验区改革创新成果，新设**7个**自贸试验区。

实际使用外资**1300多亿美元**，继续位居发展中国家首位

4 强化创新引领，新动能快速成长

- 新设**6个**国家自主创新示范区
- 国内有效发明专利拥有量突破**100万件**
- 技术交易额超过**1万亿元**
- 科技进步贡献率上升到**56.2%**

5 促进区域城乡协调发展，新的增长极增长带加快形成

加快推进新型城镇化，深化户籍制度改革，全面推行居住证制度，又有**1600万人**进城落户。

6 加强生态文明建设，绿色发展取得新进展

强化大气污染治理，二氧化硫、氮氧化物排放量**分别下降5.6%和4%**，74个重点城市细颗粒物（$PM_{2.5}$）年均**浓度下降9.1%**。

优化能源结构，清洁能源消费比重**提高1.7个百分点**，煤炭消费比重下降2个百分点。

7 注重保障和改善民生，人民群众获得感增强

- 全国财政专项扶贫资金投入**超过1000亿元**。
- 提高低保、优抚、退休人员基本养老金等标准，为**1700多万**困难和重度残疾人发放生活或护理补贴。
- 财政性教育经费支出占国内生产总值比例继续**超过4%**。
- 重点高校招收贫困地区农村学生人数**增长21.3%**。
- 全年资助各类学校家庭困难学生**8400多万人次**。
- 部分地区特别是长江流域发生严重洪涝等灾害，通过及时有力开展抢险救灾，紧急转移**安置900多万人次**。

8 推进政府建设和治理创新，社会保持和谐稳定

国务院提请全国人大常委会审议法律议案**13件**，制定修订行政法规**8件**。

2017年工作总体部署

• 今年发展的主要预期目标

国内生产总值增长
6.5%左右

居民消费价格涨幅
3%左右

城镇新增就业
1100万人以上

城镇登记失业率
4.5%以内

进出口回稳向好

国际收支基本平衡

居民收入和经济增长
基本同步

单位国内生产总值能耗下降3.4%以上

主要污染物排放量
继续下降

赤字率拟按**3%**安排，
财政赤字2.38万亿元
比去年增加**2000亿元**

广义货币M_2和社会融资规模余额预期增长均为**12%左右**

2017年重点工作任务

1 用改革的办法深入推进“三去一降一补”

今年要再压减钢铁产能**5000万吨左右**

退出煤炭产能**1.5亿吨以上**

要淘汰、停建、缓建煤电产能**5000万千瓦以上**

今年再完成棚户区住房改造**600万套**

扩大小微企业享受减半征收所得税优惠的范围，年应纳税所得额上限由**30万元提高到50万元**

科技型中小企业研发费用加计扣除比例**由50%提高到75%**

取消或停征中央涉企行政事业性收费**35项**，收费项目再**减少一半以上**

今年再减少农村贫困人口**1000万以上**

完成易地扶贫搬迁**340万人**

中央财政专项扶贫资金**增长30%以上**

2 深化重要领域和关键环节改革

3 进一步释放国内需求潜力

今年要完成铁路建设投资**8000亿元**、公路水运投资**1.8万亿元**

中央预算内投资安排**5076亿元**

再开工**15项**重大水利工程

今年实现进城落户**1300万人以上**，加快居住证制度全覆盖

再开工建设城市地下综合管廊**2000公里以上**

4 以创新引领实体经济转型升级

- **年内全部取消手机国内长途和漫游费**
- 大幅降低中小企业互联网专线接入资费
- 降低**国际长途电话费**

5 促进农业稳定发展和农民持续增收

粮改饲试点面积扩大到**1000万亩以上**

新增高效节水灌溉面积**2000万亩**

新建改建农村公路**20万公里**

完成**3万个**行政村通光纤

6 积极主动扩大对外开放

高标准高水平建设**11个**自贸试验区

加大生态环境保护治理力度

- 今年二氧化硫、氮氧化物排放量要分别下降**3%**
- 推进北方地区冬季清洁取暖，完成以电代煤、以气代煤**300万户以上**
- 对所有重点工业污染源实行**24小时**在线监控
- 今年化学需氧量、氨氮排放量要分别下降2%
- 完成退耕还林还草**1200万亩以上**

推进以保障和改善民生为重点的社会建设

今年高校毕业生**795万人**，促进多渠道就业创业

确保零就业家庭**至少有一人**稳定就业

城乡居民医保财政补助由每人每年**420元提高到450元**

分级诊疗试点和家庭签约服务扩大到**85%以上**地市

全面加强政府自身建设

报告中的 20 句暖心话

1 挤出更多资金用于减税降费，
坚守节用裕民的正道

我们要咬定青山不放松，
持之以恒为群众办实事、解难事 2

坚持住房的居住属性……
让广大人民群众在住有所居中创造新生活 3

4 确保脱贫得到群众认可、
经得起历史检验

着力打通“最后一公里”，
坚决除烦苛之弊、施公平之策、开便利之门 5

6 激发和保护企业家精神，
使企业家安心经营、放心投资

加强消费者权益保护，
让群众花钱消费少烦心、多舒心

政府要带头讲诚信，决不能随意改变约定，
8
决不能“新官不理旧账”

使城市既有“面子”、更有“里子”

10
让科研人员不再为杂事琐事分心劳神

使小企业铺天盖地、大企业顶天立地

建设既有现代文明、
又具田园风光的美丽乡村

13

治理雾霾人人有责，贵在行动、成在坚持。
全社会不懈努力，
蓝天必定会一年比一年多起来

14

民生是为政之要，
必须时刻放在心头、扛在肩上

15

办好公平优质教育……
使更多孩子成就梦想、更多家庭实现希望

16

切实做好托底工作，
使困难群众心里有温暖、生活有奔头

17

锲而不舍解决好农民工工资拖欠问题，
决不允许他们的辛勤付出得不到应有回报

人民身心健康、乐观向上，
国家必将充满生机活力

广大公务员要持廉守正，
干干净净为人民做事

给干事者鼓劲，为担当者撑腰

计划报告

2016年国民经济和社会发展计划执行情况 

2017年经济社会发展的总体要求、主要目标和政策取向 

2017年经济社会发展的主要任务 

报告内容总览

1 2016年国民经济和社会发展计划执行情况

- 创新和加强宏观调控，经济运行保持在合理区间
- 扎实推进供给侧结构性改革，“三去一降一补”五大重点任务初见成效
- 改革开放取得新突破，经济社会发展活力进一步释放
- 深入实施创新驱动发展战略，经济发展新动能加快成长
- 着力提升农业可持续发展能力，农业现代化建设取得新进展
- 深入实施三大战略和新型城镇化，城乡区域发展格局正在重塑优化
- 加强生态环境保护和能源资源节约，绿色发展初见成效
- 加快发展社会事业和改善民生，人民生活水平持续提升

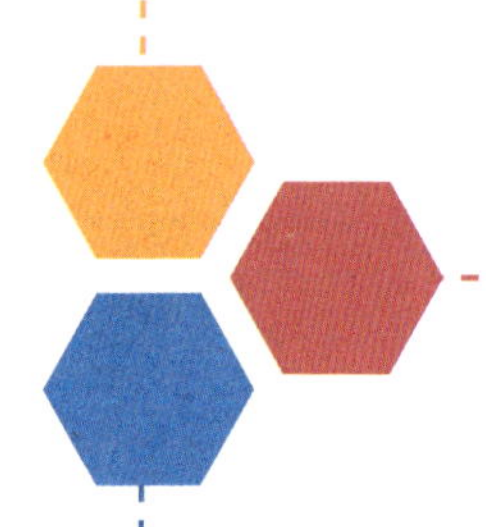

2 2017年经济社会发展的总体要求、主要目标和政策取向

- 经济增速保持在合理区间
- 就业形势保持总体稳定
- 价格总水平基本稳定
- 国际收支保持基本平衡
- 发展的质量和效益进一步提高
- 民生福祉进一步改善

3 2017年经济社会发展的主要任务

- 推动“三去一降一补”重点任务取得实质性进展
- 深入推进农业供给侧结构性改革
- 进一步释放国内需求潜力
- 持续深化重要领域和关键环节改革
- 着力振兴实体经济
- 以三大战略引领区域协调协同发展
- 推进更深层次更高水平的双向开放
- 加快推动绿色发展
- 更加注重保障和改善民生

报告内容速读

1 创新和加强宏观调控

2016年计划执行情况

- 国内生产总值达到74.41万亿元，增长6.7%
- 社会消费品零售总额增长10.4%
- 消费在经济增长中发挥主要拉动作用
  贡献率达到64.6%
- 全社会固定资产投资增长7.9%
  民间投资占固定资产投资（不含农户）比重为61.2%
- 全年城镇新增就业1314万人
  年末城镇登记失业率4.02%
- 全年居民消费价格上涨2.0%

2017年计划

- 国内生产总值预期**增长6.5%左右**
  在实际工作中争取更好结果
- 社会消费品零售总额预期**增长10%左右**
- 社会固定资产投资**预期增长9.0%左右**
  拟安排中央预算内**投资5076亿元**

2 扎实推进供给侧结构性改革，“三去一降一补”见成效

2016年计划执行情况

- 2016年退出钢铁和煤炭产能分别**超过6500万吨和2.9亿吨**，超额完成年度目标任务
- 年末商品住宅待售面积比上年末**减少4991万平方米**
- 棚户区住房改造货币化安置比例进一步提高，全年货币化**安置294万户**，占全年棚改开工量的**48.5%**，比2015年**提高18.6个百分点**
- 全国规模以上工业企业资产负债率**55.8%**，同比**下降0.4个百分点**
- 全国规模以上工业企业每百元主营业务收入中的成本同比**降低0.1元**，利润率同比**提高0.19个百分点**
- 全年完成**1000万以上**农村贫困人口脱贫目标任务

2017年计划

- 压减钢铁产能**5000万吨左右**，退出煤炭产能**1.5亿吨以上**。同时，淘汰、停建、缓建煤电产能**5000万千瓦以上**
- 全面推进“十三五”规划《纲要》明确的**165项**重大工程项目

3 改革开放新突破

2016年计划执行情况

- 取消**165项**国务院部门及其指定地方实施的审批事项，清理规范**192项**审批中介服务事项、**220项**职业资格许可认定事项
- **90%左右**的城市已推广居民阶梯水电气价
- 31个省（区、市）电改方案获批复，公布了首批**105个**增量配电业务改革试点项目
- **50多个**部门在**12个**领域开展失信联合惩戒、**3个**领域开展守信联合激励。打击侵权假冒合力增强，查办违法犯罪案件**17万余件**
- 加快不动产统一登记制度落地，全国**100%**的地（市、州）、**98%**的县（市、区）实现“发新停旧”
- 全年货物贸易进出口总额**下降0.9%**，降幅比上年收窄**6.1个百分点**

4 深入实施创新驱动发展战略

2016年计划执行情况

- 深入推进**8个**区域全面创新改革试验
- **28个**国家双创示范基地建设全面推进
- 大型央企建设双创实体平台**128个**
- 全年平均每天新登记企业**1.51万户**
- 2016年，**27个**重点监测战略性新兴产业行业规模以上企业实现收入和利润分别**增长11.32%**和**13.96%**
- 全年网上零售交易额近**5.2万亿元**，**同比增长26.2%**；其中，实物商品网上零售额占社会消费品零售总额的**12.6%**
- 非化石能源消费比重预计上升到**13.3%**，煤炭消费比重**下降到62.0%**

5 农业发展

2016年计划执行情况

- 粮食总产量达到**6.16亿吨**
- 新建粮食仓容**195亿斤**
- 籽粒玉米种植面积**调减2039万亩**
- 新增高效节水灌溉面积**2000万亩以上**
- 新改建农村公路**29万公里**
- 土地承包经营权确权登记颁证面积**超过8亿亩**

2017年计划

- 2017年粮食总产量稳定在**5.5亿吨以上**
- 继续推进172项重大水利工程建设，力争再新开工**15项**

6 深入实施三大战略和新型城镇化

2016年计划执行情况

- 全年进城落户人口达1600万人
  常住人口城镇化率达到57.35%
  户籍人口城镇化率达到41.2%

- 国家新型城镇化综合试点范围扩大到2个省246个城市（镇）
- 61个中小城市综合改革试点取得积极成效

7 生态保护和绿色发展

2016年计划执行情况

- 单位国内生产总值能耗和二氧化碳排放量分别下降**5%和6.6%**，超额完成全年目标
- 化学需氧量、氨氮、二氧化硫、氮氧化物排放量预计分别下降**2.6%、2.9%、5.6%、4.0%**
- 地级及以上城市空气质量优良天数比例**同比提高2.1个百分点**
- 74个重点城市细颗粒物（$PM_{2.5}$）年均浓度**下降9.1%**
- 发行各类绿色债券**2296.6亿元**
- 全国累计淘汰黄标车和老旧车**404.6万辆**
- 完成11省（市）**126个**地级及以上城市全部**319个**集中式饮用水水源保护区划定

2017年计划

- 完成以电代煤、以气代煤**300万户以上**

8 改善民生

2016年计划执行情况

- 《“十三五”脱贫攻坚规划》发布实施，全国财政专项扶贫资金投入超过1000亿元
- 全国居民人均可支配收入实际增长6.3%，农村居民收入增幅连续7年高于城镇居民

2017年计划

- 农村贫困人口再减少1000万人以上，完成340万人易地扶贫搬迁建设任务
- 户籍人口城镇化率提高1个百分点以上，农业转移人口和其他常住人口在城镇落户1300万人以上

2016年计划执行情况

- 退休人员基本养老金水平提高**6.5%左右**
- 基本医疗保险参保人数超过**13亿**，城乡居民基本医保补助标准由每人每年**380元**提高到**420元**
- 学前教育毛入园率、九年义务教育巩固率、高中阶段毛入学率分别达到**77.4%**、**93.4%**和**87.5%**。高等教育毛入学率达到**42.7%**
- 每千人口执业（助理）医师数增长到**2.31人**，每万人全科医生数增长到**1.53人**
- 基本公共卫生服务项目年人均财政补助达到**45元**
- 全年出生人口达到**1786万人**，全面两孩政策平稳落地
- 完成棚户区住房改造**600多万套**，农村危房改造**380多万户**

2017年计划

- 城乡居民基本医保人均财政补助标准提高到**450元**，大病保险筹资水平进一步提高
- 人口自然增长率**7.5‰左右**
- 棚户区住房改造新开工**600万套**
- 普通高等教育本专科招生**735万人**，研究生招生**84.4万人**

预算报告

2016年中央和地方预算执行情况

2017年中央和地方预算草案

切实做好2017年财政改革发展工作

报告内容总览

1 2016年中央和地方预算执行情况

- 落实全国人大预算决议情况
- 2016年预算调整情况
- 2016年预算收支情况
  - 1．一般公共预算
  - 2．政府性基金预算
  - 3．国有资本经营预算
  - 4．社会保险基金预算
- 2016年主要支出政策落实情况

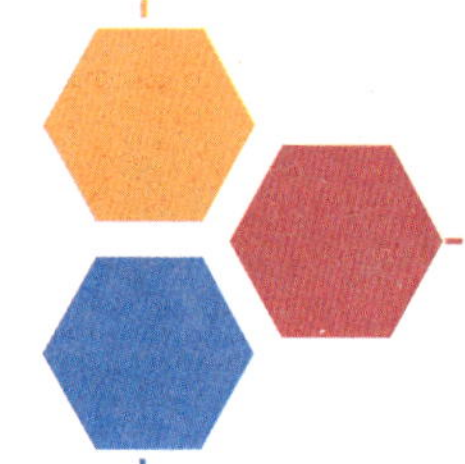

2 2017年中央和地方预算草案

- 2017年预算编制和财政工作的指导思想、主要原则
- 2017年财政政策
- 2017年收入预计和支出安排

3 切实做好 2017年财政改革发展工作

- 加强和改善财政宏观调控，促进实现经济增长预期目标
- 深入推进财税体制改革，加快建立现代财政制度
- 加强预算执行管理，确保完成年度预算任务
- 进一步强化财政管理，保障财政资金安全、规范、高效使用
- 加强地方政府性债务管理，有效防范财政风险

2017“国家账本”

预算草案报告又被称为“国家账本”。随着我国市场活力持续释放、新动能不断成长壮大，今年的预算草案将发挥怎样的风向标作用？其中的关乎民生的“账单”又包含哪些内容？

2017 年预算编制五大原则

大力实施
减税降费政策

深入推进
财税体制改革

继续调整
优化支出结构

统筹盘活
财政存量资金

积极防范
化解财政风险

2017 年收入预计和支出安排

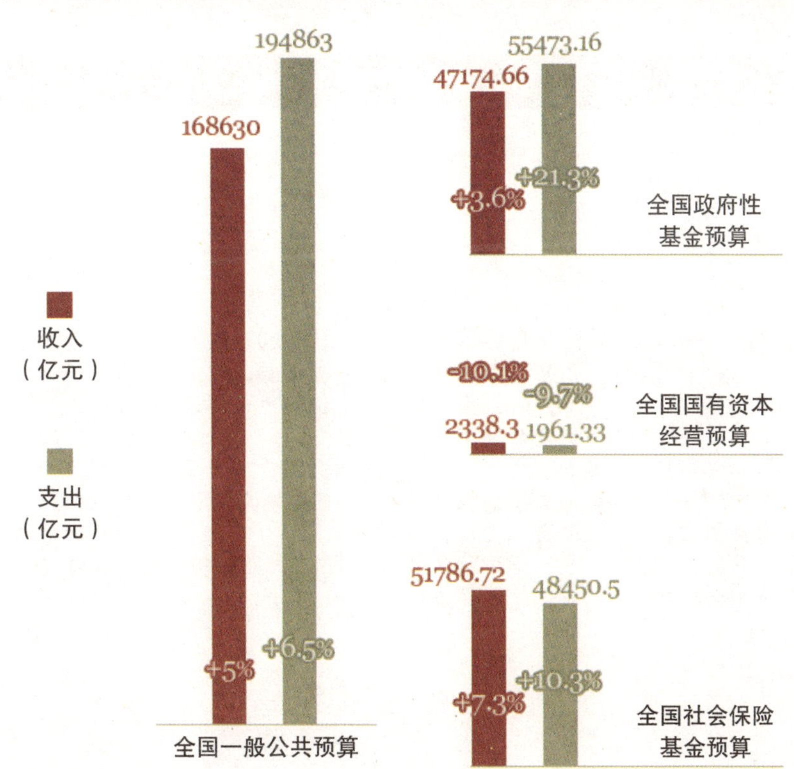

民生——财政保障和支持的重点

2017 年全国财政支出占比，教育、社保、医卫成为“前三甲”：

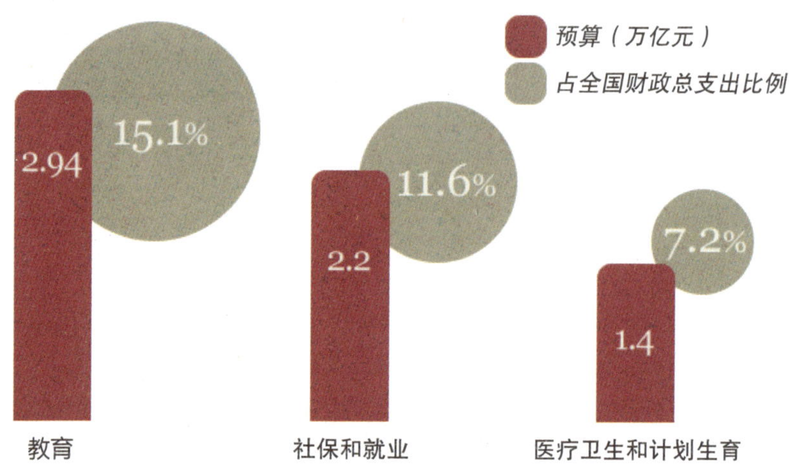

支出政策里的“民生账单”

- 中央安排城乡义务教育补助经费 1432 亿元
- 春季学期开始统一城乡义务教育学生“两免一补”
- 政策聚焦贫困地区和贫困人口，加快推进教育脱贫攻坚

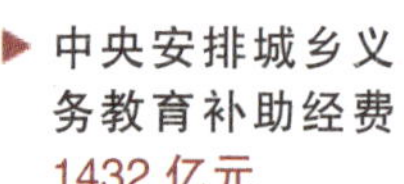

- 适当提高退休人员基本养老金标准，建立基本养老金合理调整机制
- 加大统筹社会救助资源力度，科学合理确定城乡最低生活保障标准

- 实施更加积极的就业政策，着力促进重点群体就业
- 研究建立终身职业技能培训制度

- 健全基本医保稳定可持续筹资和报销比例调整机制，更加注重保大病
- 将城乡居民基本医疗保险财政补助和个人缴费标准分别提高至每人每年 450 元和 180 元

▶ 中央财政安排补助地方专项扶贫资金861亿元，增长30.3%

▶ 完善农业补贴制度，提高补贴政策指向性和精准性
▶ 发展壮大农业新产业新业态

▶ 支持打好大气、水、土壤污染防治三大战役
▶ 适时启动第二批山水林田湖生态保护和修复工程试点

▶ 财政将再支持建600万套棚改房，推进公租房等保障房及配套设施建设
▶ 继续推进农村危房改造工作

三方面发力让财政政策更积极有效

继续实施减税降费政策
进一步减轻企业负担

赤字率保持在3%
适度扩大支出规模

突出保障重点提高
支出的有效性和精准度

看看2017年
政府的钱准备
怎么花

全国人大常委会
工作报告

过去一年的主要工作 

今后一年的主要任务 

报告内容总览

1 过去一年的主要工作

- 着力推进重点领域立法、提高立法质量
- 依法对若干重大问题作出决定
- 为相关领域改革提供法治保障
- 以人民群众普遍关心的问题为重点加强执法检查和工作监督
- 支持和保障人大代表发挥主体作用
- 充分发挥人大对外交往服务国家大局的作用
- 大力加强自身建设

2 今后一年的主要任务

- 以良法促进发展、保证善治
- 实行正确监督、有效监督
- 认真做好人大代表选举工作
- 加强和改进代表工作
- 统筹做好其他方面工作

报告内容速读

3月8日下午，第十二届全国人民代表大会第五次会议在人民大会堂举行第二次全体会议，听取全国人大常委会委员长张德江关于全国人民代表大会常务委员会工作的报告。

2016年主要工作

制定8部法律，修改27部法律，通过7个有关法律问题的决定决议，作出1个法律解释，决定将1件法律草案、3件有关法律问题的决定草案提请全国人民代表大会审议

检查6部法律的实施情况，听取审议国务院、最高人民法院、最高人民检察院20个工作报告，通过2个决议，开展3次专题询问和5项专题调研

审议通过专门委员会关于代表议案审议结果的报告8个、代表资格审查委员会关于个别代表的代表资格的报告7个，决定批准我国与外国缔结的条约、协定以及加入的国际公约7件，决定和批准任免一批国家机关工作人员

着力推进重点领域立法、提高立法质量

构建国家安全法律制度体系取得重要进展

扎实推进民法总则制定工作

加强文化、社会、环境保护等方面立法

完善立法工作机制和方式方法

依法对若干重大问题作出决定

- 及时妥善处理辽宁拉票贿选案的有关问题，坚决维护人民代表大会制度的权威和尊严
- 依法对香港基本法第一百零四条作出解释，坚决反对“港独”行径
- 作出关于开展国家监察体制改革试点工作的决定，为重大政治体制改革提供法治保障

为相关领域改革提供法治保障

统筹修改多部法律，持续推进行政审批制度改革

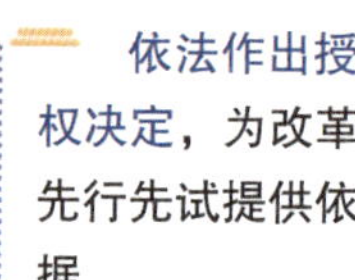

依法作出授权决定，为改革先行先试提供依据

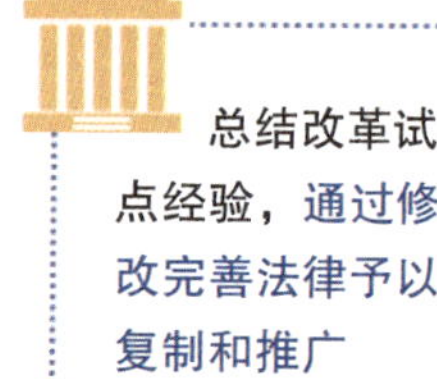

总结改革试点经验，通过修改完善法律予以复制和推广

以人民群众普遍关心的问题为重点加强执法检查和工作监督

把加强执法检查摆在突出位置

检查了 6 部法律的实施情况

在实践中探索形成包括 6 个环节的执法检查工作流程

着力提升人民群众生产生活安全感

对公共安全领域的 3 部法律开展执法检查并进行专题询问

全国范围内检查食品安全法实施情况

安全生产法执法检查

道路交通安全法执法检查

积极推动改善和保护生态环境

检查环境保护法实施情况并开展专题询问

检查水法实施情况，开展水污染防治法专题调研

促进经济社会平稳健康发展

大力弘扬宪法精神

支持和保障人大代表发挥主体作用

密切常委会同代表、代表同人民群众的联系

增强代表议案审议和建议办理实效

加强代表思想作风和素质能力建设

充分发挥人大对外交往服务国家大局的作用

大力加强自身建设

2017年主要任务

以良法促进发展、保证善治

全面贯彻落实党中央确定的立法工作目标任务

将社会主义核心价值观融入法治建设

发挥人大在立法工作中的主导作用

深入推进科学立法、民主立法

加强重点领域立法

将行政监察法修改为国家监察法

围绕构建发展新体制完善法律制度

加强社会、文化、生态等方面法律制度建设

做好与改革试点授权决定相关的工作

加快推进民法典各分编编纂工作

制定烟叶税法、船舶吨税法等单行税法

制定电子商务法，修改反不正当竞争法、中小企业促进法、农民专业合作社法、证券法、标准化法等

制定社区矫正法、基本医疗卫生法、公共图书馆法

制定土壤污染防治法，修改水污染防治法

制定核安全法、国家情报法、国际刑事司法协助法，修改测绘法

修改人民法院组织法、人民检察院组织法

实行正确监督、有效监督

检查药品管理法、产品质量法、著作权法、固体废物污染环境防治法、种子法、网络安全法的实施情况

听取审议2016年中央决算报告、审计工作报告、预算执行情况报告、审计查出问题整改情况报告

听取审议国务院关于计划执行情况、推进供给侧结构性改革加快制造业转型升级工作情况的报告

听取审议国务院关于脱贫攻坚、国家财政教育资金分配和使用、药品管理、文化遗产工作情况的报告

听取审议国务院关于 2016 年度环境状况和环境保护目标完成情况、草原生态环境保护工作情况的报告

围绕未成年人保护法实施、民族乡经济社会发展、华侨权益保护等进行专题调研

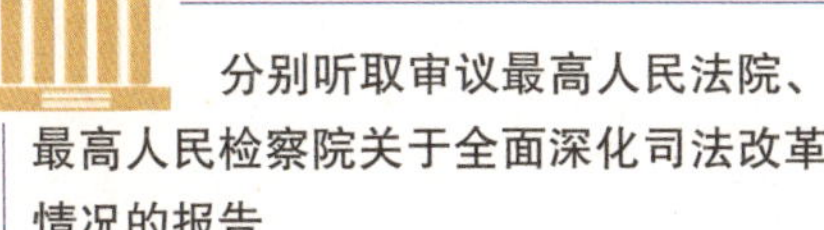

分别听取审议最高人民法院、最高人民检察院关于全面深化司法改革情况的报告

持续加强宪法实施监督工作

认真做好人大代表选举工作

制定有关法律文件，主持十三届全国人大代表选举

指导、督促各选举单位做好代表选举工作

依法加强代表资格审查工作

加强和改进代表工作

推动“一府两院”加强与代表的联系，拓宽代表知情知政渠道

做好代表列席常委会会议工作，组织代表参加常委会执法检查、专门委员会有关会议和学习培训活动等

密切人大代表同人民群众的联系，努力做到民有所呼、我有所应

切实加强代表思想政治作风建设，提高代表履职能力，加强代表履职监督，促进代表依法履职尽责

统筹做好其他方面工作

1 积极开展对外交往

2 加强人大新闻舆论和理论研究工作

3 继续推动地方人大工作完善发展

4 认真做好人大讨论决定重大事项工作

5 全面加强常委会自身建设

民法总则

七个小问题帮你了解民法总则

民法被称为“社会生活的百科全书”，编纂民法典是完善中国特色社会主义法律体系的重大举措。第十二届全国人民代表大会第五次会议审议通过了《中华人民共和国民法总则》。民法总则的制定，将为编纂民法典打下坚实基础。

民法总则——民法典的“灵魂”

规定民法的基本原则和一般规则，在民法典中起**统率性、纲领性**作用

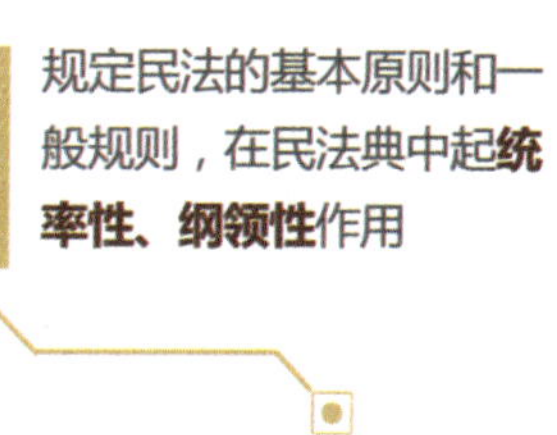

编纂民法典的条件已具备：

我国按照“成熟一个通过一个”的工作思路，制定了**民法通则**，并先后出台一系列**民事单行法律**（继承法、收养法、担保法、合同法、物权法、侵权责任法等）

民法典编纂工作“两步走”：

1. 编纂民法典总则编，也就是制定**民法总则**
2. 编纂民法典各分编，争取2020年形成统一的**民法典**

七个问题帮你了解民法总则重要性

见义勇为造成损害要不要赔偿？

因自愿实施紧急救助行为造成受助人损害的，**救助人不承担民事责任**

救助人因重大过失造成受助人不应有的重大损害的，**承担适当的民事责任**

因保护他人民事权益而使自己受到损害的，由**侵权人承担民事责任，受益人可给予适当补偿。**没有侵权人、侵权人逃逸或者无力承担民事责任，**受害人请求补偿的，受益人应给予适当补偿**

如何保护个人信息？

自然人的个人信息受法律保护

任何组织和个人应确保依法取得的个人信息安全，不得非法收集、使用、加工、传输个人信息，不得非法买卖、提供或公开个人信息

民事诉讼时效能否延长？

向人民法院请求保护民事权利的诉讼时效期间为**三年**。法律另有规定的，依照其规定

未成年人遭受性侵害的损害赔偿请求权的诉讼时效期间，**自受害人年满十八周岁之日起计算**

胎儿能继承遗产吗？

涉及遗产继承、接受赠与等胎儿利益保护的，**胎儿视为具有民事权利能力**

胎儿出生时为死体的，其民事权利能力自始不存在

"熊孩子"乱买东西算不算数？

六周岁以上的未成年人实施民事法律行为由其法定代理人代理或者经其法定代理人同意、追认，但是可以独立实施**纯获利益**的民事法律行为或者**与其年龄、智力相适应**的民事法律行为

网游装备被盗，法律管不管？

法律对**数据、网络虚拟财产的保护**有规定的，依照其规定

村委会属于什么民事身份？

民法总则草案设立“特别法人”，其中包括**农村集体经济组织法人**和**基层群众性自治组织法人**

居民委员会、村民委员会具有**基层群众性自治组织法人资格**，可以从事为履行职能所需要的民事活动

最高人民法院
工作报告

坚持依法履职　维护社会稳定　保障人民权益  一

坚持以深化改革和推进信息化破解难题　努力让人民群众有更多获得感  二

问题和困难  三

坚持改革创新求真务实　扎实做好2017年人民法院工作  四

报告内容总览

1 坚持依法履职 维护社会稳定 保障人民权益

- 认真贯彻总体国家安全观，依法惩罚犯罪、保障人权
- 认真贯彻新发展理念，服务保障经济社会持续健康发展
- 认真贯彻以人民为中心的发展思想，切实保障民生权益
- 坚持从严治院，建设忠诚干净担当的人民法院队伍
- 自觉接受监督，促进司法为民公正司法

2 坚持以深化改革和推进信息化破解难题 努力让人民群众有更多获得感

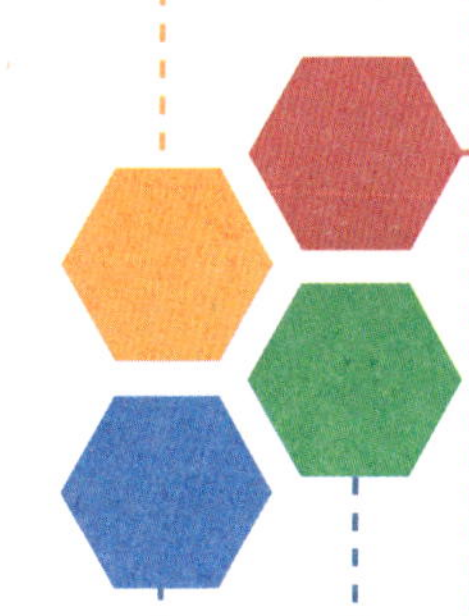

- 完成巡回法庭总体布局，进一步实现最高审判机关重心下移
- 深化立案登记制改革，进一步解决立案难问题
- 推进多元化纠纷解决机制建设，有效化解矛盾纠纷
- 全面推进司法责任制等基础性改革，让审理者裁判、由裁判者负责
- 积极推进以审判为中心的刑事诉讼制度改革，确保刑事案件质量
- 推进案件繁简分流，进一步提高办案效率
- 推进人民陪审员制度改革，进一步加强司法民主
- 深化司法公开，努力让人民群众感受到公平正义
- 创新司法便民措施，进一步解决群众诉讼不便问题
- 推进执行改革，基本解决执行难问题取得实质进展

3 问题和困难

4 坚持改革创新求真务实 扎实做好2017年人民法院工作

- 充分发挥审判职能作用，维护稳定、促进发展
- 坚持司法为民，更好地满足人民群众多元司法需求
- 坚定不移推进司法改革，加快建设公正高效权威的社会主义司法制度
- 加快建设智慧法院，努力提供更多优质司法服务
- 坚持从严治院，夯实基层基础，建设过硬队伍

建设法治中国数读

3月12日，在十二届全国人大五次会议第三次全体会议上，最高人民法院院长周强向大会作最高人民法院工作报告。透过一组组数据，平安中国、法治中国的建设进程清晰可见。

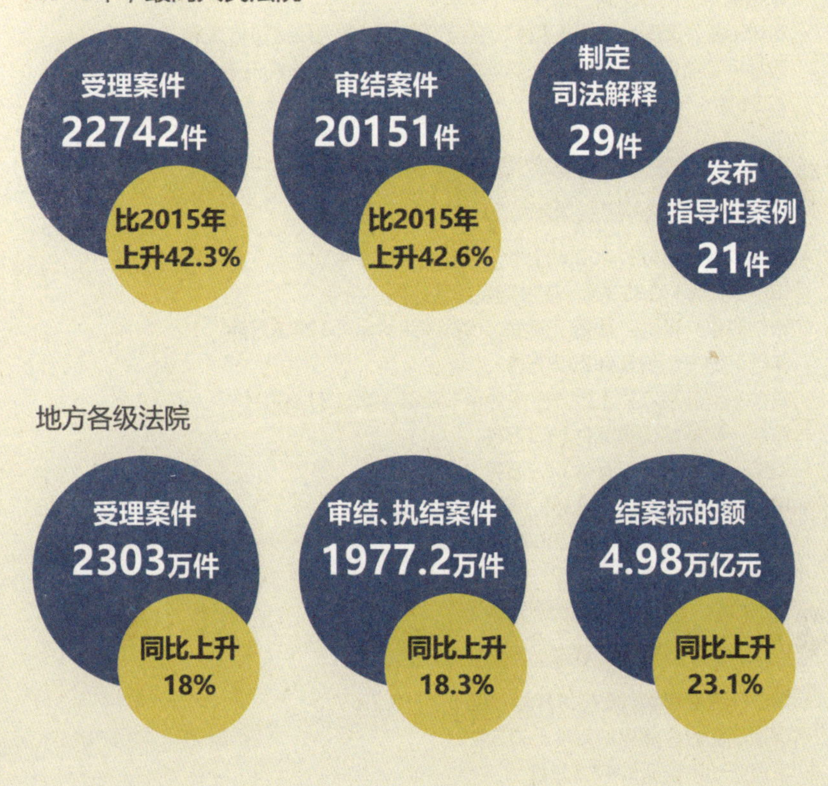

1 依法惩罚犯罪、保障人权

- 审结一审刑事案件**111. 6万件（同比上升1.5%）**，判处罪犯**122万人（同比下降1%）**
- 审结贪污贿赂等案件**4.5万件6.3万人**，其中，被告人原为省部级以上干部**35人**，厅局级干部**240人**
- 加大对行贿犯罪惩治力度，判处罪犯**2862人**
- 审结贪污、挪用扶贫资金等犯罪案件**1.5万件**
- 审结杀人、抢劫、绑架、盗窃等犯罪案件**22.6万件**
- 审结毒品犯罪案件**11.8万件**
- 审结内幕交易、集资诈骗等案件**2.3万件**
- 审结拐卖、性侵妇女儿童犯罪案件**5335件**
- 审结涉及校园欺凌犯罪案件**213件**
- 审结电信网络诈骗等犯罪案件**1726件**
- 对**656名**公诉案件被告人和**420名**自诉案件被告人依法宣告无罪
- 加强审判监督，保障当事人申诉权，各级法院再审改判刑事案件**1376件**

2 服务保障经济社会持续健康发展

- 审结一审商事案件**402.6万件，同比上升20.3%**
- 审结破产案件**3373件**，依法稳妥处置“僵尸企业”
- 审结股权、证券、期货、票据、保险等纠纷案件**124.8万件**
- 审结房地产纠纷案件**25.5万件**
- 妥善审理涉及农村土地“三权分置”改革等案件**31.8万件**
- 审结一审环境资源案件**13.3万件**
- 审结一审知识产权案件**14.7万件**
- 审结涉外商事案件**6899件**、海事案件**1.6万件**
- 办理国际司法协助案件**2967件**

3 切实保障民生权益

- 审结一审民事案件**673.8万件，同比上升8.2%**
- 审理消费者权益保护案件**2.9万件**
- 审理劳动争议案件**47.5万件**
- 开通绿色通道，为农民工追回劳动报酬**23.6亿元**
- 审结婚姻家庭案件**175.2万件**
- 审结一审行政案件**22.5万件，同比上升13.2%**
- 审结涉港澳台、涉侨案件**1.9万件**，办理涉港澳台司法协助请求或委托事项**1.1万件**

4 建设忠诚干净担当的人民法院队伍

- 共有**335个**集体、**612名**个人受到中央有关部门表彰奖励
- 对**769名**履职不力的法院领导干部进行问责，查处违反中央八项规定精神干警**220人**
- 各级法院培训干警**49.3万人次**

5 促进司法为民、公正司法

- 落实十二届全国人大四次会议上代表提出的意见建议，办理代表建议**334件**
- 办理政协提案**110件**
- 开展特约监督员、特邀咨询员视察法院、旁听庭审、调研座谈、列席审委会等活动**96次**

坚持以深化改革和推进信息化破解难题 努力让人民群众有更多获得感

1 完成巡回法庭总体布局

- 第一、第二巡回法庭设立两年来共受理案件**4721件**，审结**4573件**

2 深化立案登记制改革

- 简化立案程序，全国法院当场登记立案率**超95%**

3 推进多元化纠纷解决机制建设

- 建立**2338个**专门诉调对接中心，**419个**法院开通在线调解平台
- 依法确认调解协议有效**15.3万件**
- 各级法院以调解方式处理案件**532.1万件**

4 推进司法责任制等基础性改革

- 全国法院产生入额法官**11万名**，**85%以上**的司法人力资源配置到办案一线

5 推进以审判为中心的刑事诉讼制度改革

- 适用罪名达**23种**，覆盖全国基层法院**90%**的刑事案件，规范刑罚裁量权

6 推进案件繁简分流

- 全国基层法院适用民商事简易程序和小额诉讼程序审结案件**717.9万件**，占一审民商事案件的**66.7%**

7 推进人民陪审员制度改革

- 全国**22万名**人民陪审员共参审案件**306.3万件**，占一审普通程序案件的**77.2%**

8 深化司法公开

- 直播庭审**62.5万次**，观看量达**20.7亿人次**
- 截至2017年2月底，中国裁判文书网公开裁判文书超**2680万份**

9 创新司法便民措施

- 最高人民法院通过网上申诉和视频接访系统接待当事人**3707人次**

10 推进执行改革

- 共受理执行案件**614.9万件（同比上升31.6%）**，执结**507.9万件（同比上升33.1%）**，执行到位金额**1.5万亿元（同比上升54%）**
- 累计网拍**43万余次**，成交额**2700多亿元**，成交率达**90.1%**
- 发布失信被执行人信息**689万例**，限制**628万人次**购买机票，限制**229万人次**乘坐高铁
- 依法惩治拒不执行裁判行为，司法拘留**1.6万人**，追究刑事责任**2167人**

坚持改革创新求真务实　扎实做好2017年人民法院工作

1 充分发挥审判职能作用，维护稳定、促进发展

2 坚持司法为民，更好地满足人民群众多元司法需求

3 坚定不移推进司法改革，加快建设公正高效权威的社会主义司法制度

4 加快建设智慧法院，努力提供更多优质司法服务

5 坚持从严治院，夯实基层基础，建设过硬队伍

最高人民检察院
工作报告

报告内容总览

1 2016年工作回顾

- 积极推进平安中国建设，维护国家安全和社会大局稳定
- 贯彻落实新发展理念，围绕经济平稳健康发展履职尽责
- 坚持有腐必反、有贪必肃，依法查办和预防职务犯罪
- 加强对刑事、民事、行政诉讼的法律监督，努力让人民群众在每一个司法案件中都感受到公平正义
- 坚持人民司法为人民，更好保障和改善民生
- 深化司法改革，促进司法公正、提高司法公信
- 牢记打铁还需自身硬，从严从实加强过硬队伍建设
- 自觉接受人民监督，确保检察权依法公正行使

2 存在的突出问题

3 2017年工作安排

- 加强源头性、基础性工作，切实保安全护稳定促和谐
- 充分发挥法治保障作用，促进经济持续健康发展
- 坚持惩治腐败力度决不减弱、零容忍态度决不改变
- 大力加强检察监督
- 锲而不舍推进司法改革，促进提高司法质量、效率和公信力
- 坚持严字当头，建设过硬检察队伍

报告内容速读

3 月 12 日，在十二届全国人大五次会议第三次全体会议上，最高人民检察院检察长曹建明向大会作最高人民检察院工作报告。

2016 年工作回顾

一 推进平安中国建设

批捕刑事犯罪嫌疑人  828618人

提起公诉  1402463人

严惩严重刑事犯罪

起诉故意杀人、强奸、放火等严重暴力犯罪

65076人

起诉黑社会性质组织犯罪

1106人

起诉抢劫、抢夺、盗窃等多发性侵财犯罪

399708人

严惩电信网络诈骗犯罪

与公安部联合挂牌督办重大案件

62起

批捕电信网络诈骗犯罪

19345人

维护校园安全

惩治校园暴力犯罪

起诉 4604人

从重惩处校外成年人教唆、诱骗在校学生犯罪

起诉 678人

惩治涉医犯罪

督办重大涉医犯罪案件

突出打击故意伤害医务人员、在医院聚众滋事等犯罪

依法化解矛盾纠纷

司法救助生活陷入困境的被害人或其近亲属

深化检察环节社会治安综合治理

起诉“黄赌毒”犯罪

起诉虐待、遗弃、重婚犯罪

起诉家庭暴力犯罪

二 服务经济发展

积极服务国家重大战略实施

加强与“一带一路”沿线国家和地区司法合作

京津冀检察机关共同服务京津冀协同发展

防范金融风险

起诉集资诈骗等犯罪16406人

加强产权司法保护

起诉侵犯非公企业和非公经济人士合法权益犯罪13629人

立案侦查侵犯非公企业合法权益的职务犯罪1009件

推动科技创新

突出惩治侵犯知识产权等犯罪，起诉21505人

惩治危害安全生产犯罪

起诉重大责任事故犯罪2635人，查处事故背后失职渎职等职务犯罪814人

对全国20起重大事故挂牌督办

三 查办和预防职务犯罪

严肃查办腐败犯罪

1 立案侦查职务犯罪47650人，其中原县处级干部2882人、原厅局级干部 446人，依法对21名原省部级干部立案侦查，对48名原省部级以上干部提起公诉

2 在民生领域查办“蝇贪”17410人

3 查办受贿犯罪10472人、行贿犯罪7375人

4 查办渎职侵权犯罪11916人

5 查办涉嫌职务犯罪的行政执法人员8703人、司法工作人员2183人

织密“猎狐”天网

从37个国家和地区遣返、劝返外逃职务犯罪嫌疑人164人，其中包括“百名红通人员”27人

加强职务犯罪源头治理

针对办案发现的突出问题，提出检察建议11172件

四 加强法律监督

1 监督纠正冤错案件

- 提出聂树斌案应当依法改判无罪的检察意见
- 对谭新善案、"沈六斤"案等依法提出抗诉或再审检察建议

2 强化刑事立案、侦查活动监督

- 督促侦查机关立案14650件，追加逮捕、追加起诉 43960人
- 监督纠正侦查活动违法情形34230件次

3 开展集中清理判处实刑罪犯未执行刑罚专项活动

- 监督相关机关纠正6381人，其中收监执行5062人
- 对逃匿或下落不明的2005人督促采取追逃措施

4 开展财产刑执行专项检察

- 推动执行28588件财产刑案件，执行金额27.2亿元

5 持续监督纠正久押不决案件

- 2013 年核查出的羁押 3 年以上未结案的4459人，2016年10月已全部清理纠正完毕

6 强化民事行政诉讼监督

- 对认为确有错误的民事行政生效裁判、调解书提出抗诉3282件、再审检察建议2851件

五 司法为民

服务脱贫攻坚

查办扶贫领域职务犯罪1892人，同比增长102.8%

严惩危害食品药品安全犯罪

起诉危害食品药品安全犯罪11958人

强化生态环境司法保护

起诉破坏环境资源犯罪 29173人

挂牌督办 22起重大案件

维护未成年人、妇女、老年人、残疾人合法权益

严惩性侵、拐卖等侵害未成人人身权益犯罪，起诉**16078人**

惩治侵害农村留守儿童合法权益犯罪，起诉**2663人**

起诉侵害妇女人身权益犯罪**24061人**

起诉侵害老年人合法权益犯罪**34709人**

严惩侵害残疾人合法权益犯罪，起诉**4750人**

保护农民工权益

起诉拒不支付劳动报酬犯罪**2135人**，同比增长**26.5%**

六 深化司法改革

推进司法责任制改革

遴选出**71476名**员额制检察官

推进检察机关提起公益诉讼试点

13个试点省区市检察机关共办理公益诉讼案件**5109件**

推进以审判为中心的刑事诉讼制度改革

对侦查机关不应当立案而立案的，督促撤案**10661件**

推进刑事案件速裁程序试点

组织18个城市**217个**检察院开展试点，加快轻微刑事案件办案进度

深化人民监督员制度改革

新选任人民监督员**15903名**

司法公开，便民利民

案件信息公开网发布案件程序性信息**449万**余条、法律文书**158万**余份、重要案件信息**20万**余条

上下级检察院共同接访**11071次**，开辟群众来访“直通车”

七 从严从实加强过硬队伍建设

- 对13个省级检察院党组开展巡视
- 坚决查处违纪违法检察人员474人，严肃追究121名领导干部失职失察责任

八 自觉接受人民监督

- 认真办理全国人大代表提出的148件建议，及时反馈，及时改进工作
- 全国政协委员提出的57件提案全部办结

2017年工作安排

1 加强源头性、基础性工作，切实保安全护稳定促和谐

2 充分发挥法治保障作用，促进经济持续健康发展

3 坚持惩治腐败力度决不减弱、零容忍态度决不改变

4 大力加强检察监督

5 锲而不舍推进司法改革，促进提高司法质量、效率和公信力

6 坚持严字当头，建设过硬检察队伍

全国政协常委会
工作报告

报告内容总览

1 2016年工作回顾

加强统筹谋划，夯实工作基础

- 增强同以习近平同志为核心的中共中央保持高度一致的政治自觉
- 坚持把为“十三五”规划实施建言献策作为工作主线
- 推进中共中央关于政协协商民主建设重大改革举措落实
- 强化政协调查研究基础性作用

主要工作

- 贯彻落实新发展理念，紧扣供给侧结构性改革调研议政
- 大力弘扬中国精神，推动社会主义文化繁荣发展
- 坚持履职为民，致力民生改善和社会建设
- 贯彻党的民族政策和宗教政策，促进民族团结、宗教和睦
- 广泛开展联谊交流，加强同港澳台侨同胞大团结大联合
- 发挥政协优势，深化对外友好交往
- 加强自身建设，努力提高政协工作水平

2 2017年主要任务

- 进一步夯实团结奋斗的共同思想政治基础
- 紧紧围绕促进经济平稳健康发展协商议政
- 努力为维护社会和谐稳定贡献力量
- 深入开展与港澳同胞、台湾同胞和海外侨胞的团结联谊
- 积极开展对外友好交往
- 推进人民政协工作在实践中深化发展

3 加强和改进人民政协民主监督工作

- 准确把握人民政协民主监督性质定位
- 切实突出人民政协民主监督重点
- 有效运用人民政协民主监督方式方法
- 始终坚持中国共产党对人民政协民主监督的领导

报告内容速读

中国人民政治协商会议第十二届全国委员会第五次会议于3月3日在人民大会堂开幕，俞正声代表政协第十二届全国委员会常务委员会作工作报告。

四个方面夯实2016年工作基础

1

增强同以习近平同志为核心的中共中央保持高度一致的政治自觉

切实增强**政治意识、大局意识、核心意识、看齐意识**

2

坚持把为“十三五”规划实施建言献策作为工作主线

聚焦全面建成小康社会重大任务，集中开展**92项**调研议政活动

3

推进中共中央关于政协协商民主建设重大改革举措落实

深化民主监督实践，组织**18项**重点监督活动

4

强化政协调查研究基础性作用

重点课题由主席会议成员牵头调研，副主席带队共**62人次、54项**

2016年主要工作内容

1

贯彻落实新发展理念，紧扣供给侧结构性改革调研议政

召开“推动大众创业、万众创新”专题协商会

举办中国经济社会论坛、中国—东盟产能合作高层论坛

开展系列调研议政活动
发挥决策咨询作用

2

大力弘扬中国精神，推动社会主义文化繁荣发展

开展10项视察调研活动

召开专题议政性常委会议

3

坚持履职为民，致力民生改善和社会建设

助推深化医药卫生体制改革

着眼教育公平和教育质量提升

关注就业问题

聚焦法治建设和社会治理重要问题

开展民主监督

4

贯彻党的民族政策和宗教政策，促进民族团结、宗教和睦

对修订城市民族工作条例提出建议

举办宗教知识讲座

召开3次少数民族界、宗教界社情民意座谈会

5

广泛开展联谊交流，加强同港澳台侨同胞大团结大联合

组织港澳委员赴内地考察

深化全国政协委员与台湾民意代表机制化交流

邀请海外侨胞代表列席政协全体会议、参加考察

举办纪念孙中山先生诞辰150周年大会

6

发挥政协优势，深化对外友好交往

务实开展高层交往

召开国际形势分析会

7

加强自身建设，努力提高政协工作水平

与各民主党派中央、全国工商联联合调研16次

加强委员学习培训

8

推进经常性工作创新

全年共办复提案4272件，办复率99.84%

2017年主要任务

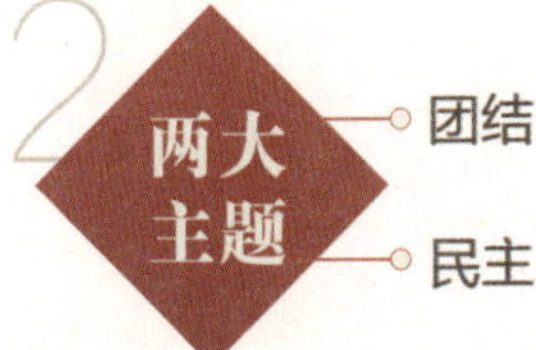

团结

民主

围绕“十三五”规划实施建言献策

- 进一步夯实团结奋斗的共同思想政治基础
- 紧紧围绕促进经济平稳健康发展协商议政
- 努力为维护社会和谐稳定贡献力量
- 深入开展与港澳同胞、台湾同胞和海外侨胞的团结联谊
- 积极开展对外友好交往
- 推进人民政协工作在实践中深化发展

四方面加强和改进人民政协民主监督工作

1. 准确把握人民政协民主监督性质定位
2. 切实突出人民政协民主监督重点
3. 有效运用人民政协民主监督方式方法
4. 始终坚持中国共产党对人民政协民主监督的领导

政协提案
工作情况报告

提案办理情况 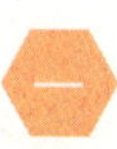

提案工作创新发展 

2017年工作重点 

报告内容总览

1 提案办理情况

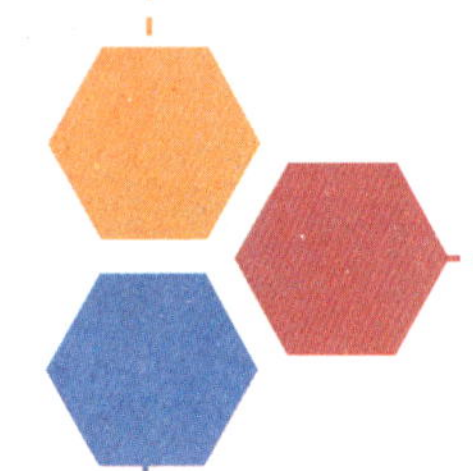

2 提案工作创新发展

- 提案质量不断提高
- 办理协商更为深入
- 重点提案督办有力
- 制度建设积极推进

3 2017年工作重点

- 坚持围绕中心服务大局
- 积极发挥提案在民主监督中的作用
- 进一步推动提高提案办理质量
- 深入推进提案工作理论研究和制度建设

报告内容速读

提案办理情况

提交提案5769件

立案4279件

转“意见和建议”1159件

并案230件

撤案101件

截至2017年2月20日

99.84%的提案已经办复

其中

已经解决或采纳的占17.17%

拟解决或拟采纳的占67.13%

作参考的占15.7%

在经济建设方面，提出提案1718件

在政治建设方面，提出提案322件

在文化建设方面，提出提案460件

在社会建设方面，提出提案1344件

在生态文明建设方面，提出提案303件

提案工作创新发展

提案质量不断提高

办理协商更为深入

重点提案督办有力

制度建设积极推进

2017年工作重点

- 坚持围绕中心服务大局
- 积极发挥提案在民主监督中的作用
- 进一步推动提高提案办理质量
- 深入推进提案工作理论研究和制度建设

两会热点传真

习近平的两会时间*

中国梦归根到底是人民的梦，必须紧紧依靠人民来实现，必须不断为人民造福。

——习近平

2013—2017全国两会期间
习近平共30次参加团组审议讨论
参加过16个代表团审议
看望过11个界别政协委员

关键词

法治　改革　发展　三严三实　创新　和平　民生　脱贫攻坚　政治生态　民族团结　人才　开放　全面从严治党　新型政商关系　强军　供给侧结构性改革　生态环保　粮食安全　一带一路　城镇化　两岸关系

……

* 来源：新华社《学习进行时》。

时间轴

2013年3月

十二届全国人大一次会议

全国政协十二届一次会议

4日 看望科协、科技界委员

为人才发挥作用、施展才华提供更加广阔的天地

5日 参加上海代表团审议

敢于啃硬骨头，敢于涉险滩

6日 参加辽宁代表团审议

让群众得到看得见、摸得着的实惠

8日 参加江苏代表团审议

让生态环境越来越好，努力建设美丽中国

9日 参加西藏代表团审议

大力弘扬"老西藏精神"

11日 出席解放军代表团全体会议

建设一支听党指挥、能打胜仗、作风优良的人民军队，是党在新形势下的强军目标

2014年3月
十二届全国人大二次会议
全国政协十二届二次会议

看望少数民族界委员 4日

让民族地区群众不断
得到实实在在的实惠

5日 参加上海代表团审议

在自由贸易试验区要做
点压力测试，把各方面
可能发生的风险控制好

参加广东代表团审议 6日

我们要做改革的弄潮儿，
要有强烈的历史担当精神

7日 参加贵州代表团审议

绿水青山和金山银山决
不是对立的，关键在人，
关键在思路

参加安徽代表团审议 9日

各级领导干部都要树立
和发扬好的作风，既严
以修身、严以用权、严
以律己，又谋事要实、
创业要实、做人要实

11日 出席解放军代表团全体会议

我们希望和平，但任何
时候任何情况下，都决
不放弃维护国家正当权
益、决不牺牲国家核心
利益

2015年3月
十二届全国人大三次会议
全国政协十二届三次会议

看望民革、台盟、台联委员 4日

从根本上说，决定两岸关系走向的关键因素是祖国大陆发展进步

5日 参加上海代表团审议

抓创新就是抓发展，谋创新就是谋未来

参加江西代表团审议 6日

自然生态要山清水秀，政治生态也要山清水秀

8日 参加广西代表团审议

坚决阻止贫困现象代际传递

参加吉林代表团审议 9日

老工业基地振兴发展要做好“加减乘除”

12日 出席解放军代表团全体会议

军地双方要树立一盘棋思想

2016年3月
十二届全国人大四次会议
全国政协十二届四次会议

看望民建、工商联委员 4日

新型政商关系，概括起来说就是“亲”、“清”两个字

5日 参加上海代表团审议

要以更加开放的视野引进和集聚人才

参加黑龙江代表团审议 7日

黑龙江的冰天雪地也是金山银山

8日 参加湖南代表团审议

在我们这样一个有13亿多人口的大国，保障粮食安全始终是国计民生的头等大事

参加青海代表团审议 10日

要保护好三江源，保护好“中华水塔”，确保“一江清水向东流”

13日 出席解放军代表团全体会议

创新能力是一支军队的核心竞争力，也是生成和提高战斗力的加速器

2017年3月
十二届全国人大五次会议
全国政协十二届五次会议

4日 看望民进、农工党、九三学社委员

各级领导干部要善于同知识分子打交道，做知识分子的挚友、诤友

5日 参加上海代表团审议

中国开放的大门不会关上

7日 参加辽宁代表团审议

真正把忠诚党和人民事业、做人堂堂正正、干事干干净净的干部选拔出来

8日 参加四川代表团审议

当前脱贫工作，关键要精准发力，向基层聚焦聚力，有的需要下一番“绣花”功夫

10日 参加新疆代表团审议

像爱护自己的眼睛一样爱护民族团结，像珍视自己的生命一样珍视民族团结，像石榴籽那样紧紧抱在一起

12日 出席解放军代表团全体会议

加快建立军民融合创新体系，下更大气力推动科技兴军

习近平关心的六件事

两会妙喻

绣花　　强调城市精细化管理和精准扶贫

2017 年全国两会上，习近平两次用到“绣花”这一比喻。

3 月 5 日　在上海代表团参加审议时，习近平说，城市管理应该像绣花一样精细。城市精细化管理，必须适应城市发展。

3 月 8 日　在四川代表团参加审议时，习近平说，当前脱贫工作，关键要精准发力，向基层聚焦聚力，有的需要下一番“绣花”功夫。

方向盘　安全带　　谈政治生态

2017 年 3 月 8 日　在四川代表团参加审议时，习近平说，各级领导干部要带头执行《准则》、《条例》，把好用权“方向盘”，系好廉洁“安全带”，激浊扬清，扶正祛邪，自觉为营造风清气正的政治生态履职尽责、作出贡献。

石榴籽　　强调珍视民族团结

2017 年 3 月 10 日　习近平在新疆代表团参加审议时说，要全面贯彻党的民族政策，高举各民族大团结旗帜，引导各族群众增强对伟大祖国、中华民族、中华文化、中国共产党、中国特色社会主义的认同，像爱护自己的眼睛一样爱护民族团结，像珍视自己的生命一样珍视民族团结，像石榴籽那样紧紧抱在一起。

眼睛　生命　　重视民族团结和生态环保

除了用“眼睛”和“生命”说明民族团结的重要性，习近平在全国两会上还用其形容生态环保的重要意义。

2016 年 3 月　习近平在全国两会上强调，生态环境没有替代品，用之不觉，失之难存。在生态环境保护建设上，一定要树立大局观、长远观、整体观，坚持保护优先，坚持节约资源和保护环境的基本国策，像保护眼睛一样保护生态环境，像对待生命一样对待生态环境，推动形成绿色发展方式和生活方式。

手榴弹炸跳蚤 强调精准扶贫

2015 年 3 月　习近平在全国两会上说，坚持精准扶贫，不能“手榴弹炸跳蚤”。有些地方拿着国家大笔扶贫资金，在贫困县修建“长安街”，到贫困乡镇盖起“天安门”，美其名曰“新农村建设”。其实，这是政绩观出现了严重偏差，亟待整改。

盆景 强调多干实事

2015 年 3 月　习近平在全国两会上说，少搞一些“盆景”，多搞一些惠及广大贫困人口的实事。贫困地区各级领导干部要立下军令状，好干部要到扶贫攻坚一线经受磨练。

拔“烂树”、治“病树”、正“歪树” 强调推进反腐败斗争

2015 年 3 月　习近平在全国两会上说，要深入推进反腐败斗争，下大气力拔“烂树”、治“病树”、正“歪树”，使领导干部受到警醒、警示、警戒。要加强对干部特别是党员领导干部的监督管理，彻底改变对干部失之于宽、失之于软现象。

加减乘除 谈老工业基地振兴发展

2015 年 3 月　习近平在吉林代表团参加审议时说，东北等老工业基地振兴发展，不能再唱“工业一柱擎天，结构单一”的“二人转”，要做好加减乘除。加法——投资、需求、创新，减法——淘汰落后产能，乘法——创新驱动，除法——市场化程度。现在加法多、其他少，亟待补课。

稻草人 强调严明纪律

2014 年 3 月　习近平在全国两会上说，我曾专门讲纪律问题。生活纪律、组织纪律、财经纪律、政治纪律，多少纪律，问题是执行得不好，有些人觉得纪律是“稻草人”，不在乎，现在就是要严明纪律。各级干部要有敬畏之心，监督、奖惩措施要跟上。不防微杜渐就会溃于蚁穴。

腾笼换鸟 强调结构调整

2014 年 3 月　习近平在与广东团代表一起讨论全面深化改革、促进结构调整问题时，用了“腾笼换鸟、凤凰涅槃”八个字。

他说，腾笼不是空笼，要先立后破，还要研究“新鸟”进笼“老鸟”去哪？要着力推动产业优化升级，充分发挥创新驱动作用，走绿色发展之路，努力实现凤凰涅槃。

“语重心长”：习近平两会新语

（一）“语”字篇

2017年3月4日至12日，9天，习近平总书记先后来到6个团组。在讲话中，习近平谈笑风生，妙语频频。语中有真意，语中有新意，语中更有深意。

妙语谈治国，举重若轻

治国理政学问高深，然而“绣花”“方向盘”“安全带”却是人人皆懂。可这跟治国理政有关系吗？还真有。不信，咱们一起来听习近平总书记的“修辞课”：

3月5日，习近平参加上海代表团审议时说：“城市管理应该像绣花一样精细。”

3月8日，习近平参加四川代表团审议时说，脱贫攻坚“全过程都要精准，有的需要下一番‘绣花’功夫”。

绣花，一针一线都马虎不得，必须够精细，才能针脚细密、锦绣灿烂。城市必须精细化管理，才能适应城市发展，提升社会治理能力，增强社会发展活力；扶贫攻坚，必须考虑到扶持谁、谁来扶、怎么扶，才能做到有的放矢、因地制宜，做到真扶贫、扶真贫。

绣花，需要的是一针一线、分毫不差；治理国家，不能粗枝大叶、只抓大不管小。层面不同，实质如一，一句“绣花”，就把高深的大道理说得明明白白。

营造风清气正的政治生态，领导干部是关键。可如何保证这一“关键少数”走对路、走好路呢？总书记提出要诀：把好用权“方向盘”，系好廉洁“安全带”。

记住了权为民所用，“方向盘”就不会歪；谨记老老实实做人、干干净净干事的廉洁守则，“安全带”自然可以护你平安。

生动准确的比喻，总书记妙语谈治国理政，举重若轻。

实话论求实，光明磊落

假货，让人深恶痛绝，数据造假，危害更甚。对此，习近平“打假”态度坚决。

3月7日，习近平参加辽宁代表团审议。当辽宁省委书记李希代表讲到，辽宁有的市镇曾存在经济数据上严重弄虚作假的恶劣风气。总书记插话说：“此风不可长，必须坚决刹住。”当听到辽宁现在还有50万贫困人口时，总书记说，脱贫攻坚一定要扎扎实实。

无论是经济数据造假，还是脱贫掺水，都会影响对经济形势的判断和决策，而且会严重败坏党的思想路线和求真务实的工作作风，败坏党在人民群众中的形象。

如何打假？习近平说：

——“要把数字誊清见底，排除水分，挤干水分，虽然你们拿出来的这个数字好像不太好看，但是我觉得实际上很好看，它是一个光明磊落的数字。”

——脱贫攻坚“我们的时间表就是到2020年实现全面建成小康社会，还有几年时间，不要脱离实际随意提前，这样的提前就容易掺水”。

平实的话语，务实的要求，党的实事求是思想路线是红彤彤的底色。

真话表真意，精诚感人

有人认为知识分子“难打交道”，可全国政协委员、九三学社中央委员许进这么说：习近平总书记的话“使大家感到特别温暖”，“让满怀报国之志的知识分子备受鼓舞”。

3 月 4 日下午，习近平看望参加政协会议的民进、农工党、九三学社委员并参加联组讨论。在讲话中，习近平对知识分子高度肯定：“我国广大知识分子是社会的精英、国家的栋梁、人民的骄傲，也是国家的宝贵财富。我国知识分子历来有浓厚的家国情怀，有强烈的社会责任感，重道义、勇担当。”

习近平强调各级领导干部要“做知识分子的挚友、诤友”，要“关心知识分子、尊重知识分子”，要识才、爱才、用才、容才、聚才。

习近平深知，知识分子有思想、有主见、有责任，愿意对一些问题发表自己的见解。对此，习近平强调：“要充分信任知识分子，重要工作和重大决策要征求知识分子意见和建议。对来自知识分子的意见和批评，只要出发点是好的，就要热忱欢迎，对的就积极采纳。即使个别意见有偏差甚至是错误的，也要多一些包涵、多一些宽容。”

通篇的话语，没有套话，唯见诚意与真心。

“敬人者，人恒敬之；爱人者，人恒爱之。”这样推心置腹，谁不爱？

（二）“重”字篇

今年全国两会，习近平先后来到政协界别联组会、上海、辽宁、四川、新疆和解放军6个团组，与代表委员互动交流，共商国是。交流和讲话中，习近平对国计民生的一些事格外重视。

重发展：推进供给侧结构性改革

“一个国家保持发展的根本就是要靠供给侧推动”，今年两会，推进供给侧结构性改革是习近平的“高频词”之一，他每次参加团组审议讨论时都会重点谈、反复讲，重视与关切之心溢于言表。

上海是我国最早对外开放的城市之一，也是首个自由贸易试验区的所在地。对于上海供给侧结构性改革的深入推进，习近平强调要创新，要提供具有全球视野和国际标准的“高、精、尖”供给，推动科技成果更快推广应用和转移转化。

在参加辽宁代表团审议时，习近平指出供给侧结构性改革是辽宁振兴必由之路，强调要抓住主要矛盾，明确主攻方向，推进辽宁供给侧结构性改革继续取得新进展，下决心振兴辽宁工业，再创辽宁工业辉煌。

农业历来是固本安民之要。习近平指出，我国农业农村发展已进入新的历史阶段，农业的主要矛盾由总量不足转变为结构性矛盾、矛盾的主要方面在供给侧，必须深入推进农业供给侧结构性改革，加快培育农业农村发展新动能。

在新疆代表团审议时，习近平指出要以推进供给侧结构性改革为主线，培育壮大特色优势产业，加强生态环境保护，“建设天蓝地绿水清的美丽新疆”。

今年是供给侧结构性改革的深化之年，习近平6次“下团组”，6次讲话，其中5次提及供给侧结构性改革。这项改革任务之“重”，一目了然。

重精细：精准“绣花”久久为功

在 2017 年的新年贺词中，习近平的一句“我最牵挂的还是困难群众”触动了亿万国人的心。

切实改善困难群众的生活，全面建成小康社会，打赢脱贫攻坚战是关键。在参加四川代表团审议时，习近平提出脱贫攻坚要拿出一番“绣花”的功夫。“绣花”就是精准，就是久久为功。

“压实责任、精准施策、过细工作”，因城因地精准落实，“穿针引线”联通政府与基层，“细针密缝”拓展深度与广度。

在四川代表团，习近平表示要因地制宜，要根据实际情况做细做精农业。在新疆代表团，习近平提出把南疆贫困地区作为脱贫攻坚主战场，实施好农村安居和游牧民定居工程、城镇保障性安居工程，完善农牧区和边境地区基本公共服务，努力让各族群众过上更好生活。

回顾这些年的全国两会，脱贫攻坚一直是习近平格外关注的大事。

“千方百计加快少数民族和民族地区的经济社会发展”“扶贫先扶智，绝不能让贫困家庭的孩子输在起跑线上，坚决阻止贫困代际传递”“少搞一些‘盆景’，多搞一些惠及广大贫困人口的实事”“坚持精准扶贫，不能‘手榴弹炸跳蚤’”……

民生无小事，枝叶总关情。细微之处见精神，久久为功成大业。

重团结：让民族团结之花常开长盛

习近平参加新疆代表团审议时说：“民族团结是各族人民的生命线，是新疆发展进步的根本基石，也是 13 亿多中国人民的共同意志。”

“生命线”“根本基石”“共同意志”，一字字夯实，一步步延伸，足可以显示民族团结在习近平心中的重要地位。

“加强军政团结、军民团结、警民团结、兵地团结，筑牢各族人民共同维护祖国统一、维护民族团结、维护社会稳定的钢铁长城。”

“要持续开展好‘民族团结一家亲’和民族团结联谊活动，把民族团结落实到日常生活工作学习中，贯穿到学校教育、家庭教育、社会教育各环节各方面，让民族团结之花常开长盛。”

习近平提出一系列要求，告诫大家要像爱护自己的眼睛一样爱护民族团结，像珍视自己的生命一样珍视民族团结，像石榴籽那样紧紧抱在一起。

习近平对于民族团结的深深关切，也融进了各民族心里。在新疆代表团，热汗古丽·依米尔代表和买买提依布热依木·买买提明代表向习近平敬献花帽，表达新疆各族人民对总书记最崇高的敬意、最美好的祝福。在四川代表团，身着民族服装的藏族、羌族代表分别向他献上了洁白的哈达和鲜艳的羌红，表达对总书记的敬意，祝福中华民族繁荣昌盛。

各民族凝心聚力，才能共创美好明天。民族团结之“重”，重比泰山。

（三）“心”字篇

每次全国两会，习近平的一项重要活动，就是到团组与代表委员共商国是，对群众家事、村事等细细询问。百姓的柴米油盐，他挂心；群众生活过好了，他舒心。

以百姓之心为心，处处用心

习近平说过，他花时间最多的工作是扶贫，他心中最牵挂的是困难群众。

小康路上“不让一个人掉队”，正因为有了这样的牵挂，他为四川凉山州“悬崖村”村民们的出行状态感到揪心，为湖南十八洞村的小伙儿能娶上媳妇而高兴。本次会上，他听到四川代表谈起“悬崖村”建了新的铁梯，说“心里稍稍松了一些”。在参加新疆代表团审议时，他着重提到南疆脱贫问题，指出要“把南疆贫困地区作为脱贫攻坚主战场”。

总书记谆谆告诫，“脱贫不要脱离实际随意提前”“所有扶贫地区的领导干部都要坚守岗位”“扶贫开发贵在精准，重在精准，成败之举在于精准”“需要下一番‘绣花’功夫”……大处着眼，细处着手，为各地扶贫工作划出发力的重点。

在习近平眼中，人民始终处于主体地位。

参加辽宁代表团审议时，来自沈阳鼓风机集团齿轮压缩机有限公司的高级工人技师徐强代表告诉总书记：几年前参加人大代表选举没有被选上，有人说，人家没抽你一根烟、没喝你一口酒凭啥选你？后来，徐强被补选为全国人大代表。他说，当选人大代表是组织和选民对我的信任。习近平听了后，关心地询问辽宁代表团一线工人当时落选后来又重新选上的有多少。他强调，有基层一线的同志当人大代表，是我国人民代表大会制度的政治优势！

以真心换真心，推心置腹

只有将心比心，才能换取真心，才能找到解决问题、推动工作的良策。

看望民进、农工党、九三学社政协委员并参加联组会时，习近平要求“全社会都要关心知识分子、尊重知识分子，营造尊重知识、尊重知识分子的良好社会氛围”；参加新疆代表团审议时，他强调“民族团结是各族人民的生命线，是新疆发展进步的根本基石，也是13亿多中国人民的共同意志”。

营造尊重知识、尊重知识分子的良好氛围，这是肺腑之言。

习近平强调，各级领导干部要善于同知识分子打交道，做知识分子的挚友、诤友。他自己就有许多这样的“挚友”“诤友”。他与作家贾大山之间的感人友情，早已传为佳话。两会期间，习近平与知识分子推心置腹，深入交谈，以真心换真情，在场的政协委员们说，习近平的这些话“说进了知识分子们的心窝里”。

对民族团结，习近平注重的是以心换心，“靠真心真情做好民族团结工作”。

这是一个温暖人心的镜头：参加新疆代表团审议时，习近平拿起库尔班大叔家人的照片细细端详，娓娓询问。春节前夕，习近平给库尔班大叔的长女托乎提汗·库尔班回信，向她和家人及乡亲们送上祝福。总书记用真情延续着“库尔班大叔骑着毛驴上北京”的民族团结故事。

只有付出真心，才能赢得民心。

聚民心成党心，上下齐心

上海如何做好“排头兵”“先行者”？辽宁如何深化国有企业改革，振兴实体经济？四川如何推进农业供给侧结构性改革？新疆怎样建设“中国特色社会主义新疆”？

针对各地不同实际，习近平有的放矢，把脉点穴，为上海、辽宁、四川、新疆乃至全国的发展支招定策。

“希望上海的同志们继续按照当好全国改革开放排头兵、创新发展先行者的要求，在四个方面有‘新作为’”“供给侧结构性改革是辽宁振兴必由之路”“脱贫攻坚一定要扎扎实实，我们的时间表就是到2020年实现全面建成小康社会，还有几年时间，不要脱离实际随意提前，这样的提前就容易掺水”“努力建设团结和谐、繁荣富裕、文明进步、安居乐业的中国特色社会主义新疆”……

正视问题方可补齐“短板”，真抓实干才能凝聚人心。聚民心成党心，“上下齐心，其利断金”，实现中华民族伟大复兴的决心与信心正是来源于此。

（四）“长”字篇

十八大以来5次两会，习近平先后30次“下团组”，参加16个代表团审议，看望过11个界别政协委员。他认真倾听和记录代表委员的发言，在讲话中部署了许多工作。对重要问题，他每次都“长”讲；对重要工作，他反复强调要“长”抓，要久久为功。

区域短板，长抓不懈

扶贫事关民生福祉、全面小康，是习近平最关心的事。每年两会，他都要着重强调脱贫攻坚。

西部地区是脱贫攻坚最突出的短板，我国14个集中连片特困地区超过一半在西部。每年两会习近平到过的代表团必有西部省份。2013年是西藏，2014年是贵州，2015年是广西，2016年和2017年分别是青海和四川、新疆。

在这些代表团，习近平同代表们一起讨论交流，摸情况、找穷根，不断强调“贵在精准”“扭住精准”。今年在四川代表团，习近平又提出要下一番“绣花”功夫，将精准贯彻全过程。

“脱贫不要脱离实际随意提前”“防止返贫和继续攻坚同样重要”“坚决制止扶贫工作中的形式主义”“决不让一个少数民族、一个地区掉队”……这些需要特别注意的问题，习近平十分重视，每次到代表团都有新要求。

除了西部，东北三省习近平也非常关注。5次两会，他4次来到东北三省代表团。

近年来，东北三省经济增速放缓，结构性矛盾突出，习近平连续“把脉”东北发展，为结构优化升级“补课”，目的非常明确，就是要让东北三省“扬长避短、扬长克短、扬长补短”，走出全面振兴新路子。

“一定要调结构啊。”习近平反复叮咛。

今年是供给侧结构性改革深化之年，来到辽宁代表团，他再次突出强调了振兴实体经济。

这些区域短板，事关全局，又都是“硬骨头”，必须“啃”下来。

推进“四个全面”战略布局，关键在党。从严治党也是习近平长抓的一项内容。

在各代表团，他谈“三严三实”，强调政治生态，要求抓住“关键少数”，一再指出全面从严治党的重要意义，不断诠释着“全面从严治党永远在路上”。

创新理念，常讲常新

实现“十三五”发展目标，破解发展难题，厚植发展优势，坚持创新、协调、绿色、开放、共享的发展理念是关键。“五大理念”中，创新是方向、是钥匙，更是习近平两会期间必谈的内容。

5次到上海代表团，习近平次次都讲到创新。从科技创新到制度创新，习近平年年作出部署，要求上海当好“创新发展先行者”，先行先试，大胆创新。他今年对上海提出的4个“新作为”，创新是关键。

在解放军代表团，习近平讲得最多的就是军民融合发展，几乎每年都要“划重点”。开展军民协同创新，推动军民科技基础要素融合，加快建立军民融合创新体系，“创新”这个军民融合发展之要，习近平不厌其烦，一遍遍强调。

创新发展，人才是重要因素。政协人才济济，习近平一直高度重视。

2013年参加科协、科技界委员联组会时，习近平指出，要深化科技体制改革，变“要我创新”为“我要创新”。

2017年在民进、农工党、九三学社委员联组会上，习近平专门强调激发知识分子创新活力和潜力，聚天下英才而用之。

习近平常说，创新是引领发展的第一动力。习近平讲创新，就是要求扭住“牛鼻子”，持续抓好，等于为发展装上了“永动机”。

久久为功，一张蓝图干到底

历次两会，无论是扶贫、改革、创新，还是生态保护、“三农”问题、作风建设，习近平都是一个环节一个环节抓，一个节点一个节点抓，一抓到底。

抓“长”，是习近平对待工作一贯的态度。他不止一次强调，抓工作就要有久久为功、利在长远的恒心和耐力。

“贫困之冰，非一日之寒；破冰之功，非一春之暖”。习近平用这句话形容工作抓“长”的重要性。改革发展，脱贫攻坚，每一项工作都不可能一蹴而就，需要的就是拿出踏石留印、抓铁有痕的劲头，用钉钉子精神，锲而不舍地抓下去。

回看这5次两会中习近平长抓不懈的几件大事，从始至终他都要求不达标准决不交账，从不满足于一事之成、一时之效。

善始善终、善作善成，“咬定青山不放松”，一张蓝图干到底，是习近平的工作作风，也是习近平的人格魅力所在。

习近平2017
两会新语

李克强中外记者会答问撷要

李克强

时间有限，我们单刀直入。

美国有线电视新闻网记者

一个健康可持续发展中美关系的底线是什么？

李克强

要坚持一个中国的政策，这是中美关系的政治基础，不是风云变幻能够动摇的。

美国有线电视新闻网记者

特朗普总统一直对华发表一些批评性言论，包括就业、汇率等。

李克强

没关系，我们坐下来谈。智者扩大共同利益，分歧占比会更小。

中央人民广播电台记者

今年把经济增长的预期目标下调到6.5%左右，是否会对世界经济造成不利的影响？

李克强

6.5%不低了，也很不容易。我们保持中高速稳定增长，就是在为世界稳定做贡献。

彭博社记者

Bloomberg

李总理，您好。我是彭博新闻社的记者……
……My question is……对不起我中文不好。

李克强

没事，给你充分时间。

彭博社记者

Bloomberg

中方将采取什么措施推进自由贸易和开放型经济？

李克强

关起门来以邻为壑是解决不了问题的。只要是有利于贸易自由化的，我们都会去参与、去推进。关于区域的自由贸易安排，我们愿意去推动，但不会越俎代庖。

人民日报记者

人民日报

简政放权，接下来怎么搞？

李克强

简言之，就是要向依法依规的市场主体发出“前行、前行、再前行”的信号；向依靠劳动创业创新者亮起“可以、可以、再可以”的绿灯；对那些违法违规不良行为，就要及时亮出黄牌，甚至出红牌罚他下场。

日本经济新闻社记者

朝鲜试射导弹，推进核武计划，导致东北亚局势非常紧张，中国将采取什么措施？

李克强

对于联合国已经通过的相关决议，中国一直态度鲜明、全面严格执行。我们希望各方共同努力，把紧张的气氛降下来。按常理说，谁也不愿意自己的家门口整天闹个不停。

中央电视台、央视网、央视新闻移动网记者

总理您好，我是中央电视台、央视网、央视新闻移动网记者。

李克强

终于又听到三位一体的记者提问了。

中央电视台、央视网、央视新闻移动网记者

请问总理，今年会否出现群体性的失业问题？

李克强

我们不会也不允许出现大规模群体性失业。我们要让人民群众用劳动和智慧去打造“金饭碗”。

联合早报记者

过去四年多最重要的成就是什么？最难攻克的又是什么？

李克强

主要成果就是，在以习近平同志为核心的党中央领导下，中国经济“硬着陆”论可以休矣。说到最难的，还是在深化改革方面。

深圳特区报记者

“双创”的热情会持久吗？

李克强

这3年多来，每天平均有4万个以上市场主体注册登记。“双创”的大方向是正确的，覆盖了一二三产业、大中小企业，是有着很强的生命力的。

凤凰卫视记者

政府工作报告首提“港独”问题，未来中央对香港的支持会否减少？

李克强

“一国两制”的实践，要不动摇、不走样、不变形。我们会继续出台有利于香港发展、有利于内地和香港合作的举措。

俄罗斯塔斯社记者

如何评价中俄关系？

李克强

中俄互为最大近邻，两国关系健康发展不仅有利于地区也有利于世界。

财新网、财新周刊记者

您如何看待汇率下跌、外储下降或者外汇管制的代价？

李克强

人民币汇率贬值幅度是比较小的；外汇储备是充裕的；对于用汇进行真实性、合规性审查，是法律法规早就规定的。

路透社记者

如果我是一名矿工或是钢厂工人，我能在本省找到什么样的新工作呢？

李克强

如果你所在的矿在去产能中被淘汰，我建议你到新动能去，或者到老动能产生的新职业去。

澎湃新闻记者

房屋产权70年到期后怎么办？

李克强

有恒产者有恒心。国务院已责成相关部门就不动产产权保护相关法律，抓紧研究、提出议案。

泰国经理报记者

您怎么看中国在亚太地区现在发挥的作用？

李克强

我们不希望、也不愿意看到冷战思维下所谓“选边站队”的事情发生，总的还是要维护亚太地区的和平和稳定。

泰国经理报记者

中美如何在这个地区继续和平共处？

李克强

我们希望中美合作的共同利益不断扩大，使东盟国家能从中得到机遇。

新华社记者

现在一些企业抱怨税费负担过重。

李克强

力争今年减税降费能达万亿元人民币。还要降低制度性交易成本。

新华社记者

有人抱怨高品质产品国内生产不了……

李克强

我们的企业需要让产品进入质量时代，这也是供给侧结构性改革的重要内容。

台湾联合报记者

大陆要如何维护两岸关系的和平发展？

李克强

坚持体现一个中国原则的“九二共识”这个政治基础，坚决反对“台独”，坚决维护台海和平，维护两岸关系和平发展，增进两岸同胞的福祉。

法兰西广播公司记者

欧方统计，欧盟对华贸易赤字高达1370亿欧元，欧盟一些企业对此颇有微词。

李克强

我们从不刻意追求顺差，而且希望看到贸易平衡，否则不可持续。我想欧洲企业在中国不仅有钱可赚，而且还是赚大头。

法兰西广播公司记者

如何进一步改进对欧企业的市场准入以及对于外商投资给予更好的对等性待遇？

李克强

中国提出和欧盟加快谈判投资协定，希望能够得到积极的回应。

新京报记者

怎样才能让持续的蓝天不再是奢侈品？

李克强

将不惜重金，攻关研究雾霾形成的未知因素，让治理更有效。蓝天在未来不会也不应该成为奢侈品。

中国消费者报记者

今天是“3·15”，能给消费者说几句话吗？

李克强

我们要给优质产品“点赞”，把不良奸商“拉黑”。

李克强总理会见中外记者

两会热词录

“三去一降一补”

“三去一降一补”即去产能、去库存、去杠杆、降成本、补短板。这是供给侧结构性改革的重要内容。去产能和去杠杆的关键是深化国有企业和金融部门的基础性改革，去库存和补短板的指向要同有序引导城镇化进程和农民工市民化有机结合起来，降成本的重点是增加劳动力市场灵活性、抑制资产泡沫和降低宏观税负。

节用裕民

出自《荀子 · 富国》:“足国之道，节用裕民，而善臧其余。”意为使国家富足的途径，就是节约用度，使人民过富裕的生活，并善于储备那些节余的粮食财物。

据政府工作报告起草组成员介绍，今年报告中的“坚守节用裕民的正道”这句话，是李克强总理亲自加上的。

地条钢

狭义上，地条钢是钢铁行业内部对小钢铁企业采用模铸工艺生产、长度一米二左右的条形钢坯的形象化俗称。广义上，地条钢是指以废钢铁为原料、经过感应炉等熔化、不能有效地进行成分和质量控制生产的钢及以其为原料轧制的钢材。地条钢用中频炉把废钢铁熔化，再倒入简易铸铁模具内冷却而成，既不进行任何分析化验，也无温度等质量控制。用这种方法炼出的钢，产品直径、抗拉强度等均难以符合国家标准，大部分产品存在脆断的情况，90%以上属于不合格产品，质量存在严重隐患。

全域旅游

全域旅游是指在一定区域内，以旅游业为优势产业，通过对区域内经济社会资源尤其是旅游资源、相关产业、生态环境、公共服务、体制机制、政策法规、文明素质等进行全方位、系统化的优化提升，实现区域资源有机整合、产业融合发展、社会共建共享，以旅游业带动和促进经济社会协调发展的一种新的区域协调发展理念和模式。在全域旅游中，各行业积极融入其中，各部门齐抓共管，全城居民共同参与，充分利用目的地全部的吸引物要素，为前来旅游的游客提供全过程、全时空的体验产品，从而全面地满足游客的全方位体验需求。因此，全域旅游是旅游产业的全景化、全覆盖，是资源优化、空间有序、产品丰富、产业发达的科学的系统旅游，要求全社会参与、全民参与旅游业，通过消除城乡二元结构，实现城乡一体化，全面推动产业建设和经济提升。

河长制

河长制即各级党政主要负责人担任河长，负责组织领导相应河湖的管理和保护工作。河长制的主要任务有：一是加强水资源保护，全面落实最严格水资源管理制度，严守“三条红线”；二是加强河湖水域岸线管理保护，严格水域、岸线等水生态空间管控，严禁侵占河道、围垦湖泊；三是加强水污染防治，统筹水上、岸上污染治理，排查入河湖污染源，优化入河排污口布局；四是加强水环境治理，保障饮用水水源安全，加大黑臭水体治理力度，实现河湖环境整洁优美、水清岸绿；五是加强水生态修复，依法划定河湖管理范围，强化山水林田湖系统治理；六是加强执法监管，严厉打击涉河湖违法行为。2016 年 10 月 11 日，中央全面深化改革领导小组第 28 次会议审议通过了《关于全面推行河长制的意见》。2016 年 12 月，中共中央办公厅、国务院办公厅印发了该意见。

国家公园体制

国家公园体制是一种资源保护与开发利用实现双赢的管理体系，是让生态环境与旅游消费达到共存的国际惯例和普遍适用的规律。国家公园是美国风景画家乔治·卡特林（George Catlin）于 1832 年提出的一种保护地模式，目前已成为全球公认的保护地典范。2015 年初，国家发改委等 13 个部门联合印发了《建立国家公园体制试点方案》。目前，我国已在北京、吉林、黑龙江、浙江、福建、湖北、湖南、云南、青海等 9 个省市开展了国家公园体制试点。

外溢效应

外溢效应是指外商直接投资对东道国相关产业或企业的产品开发技术、生产技术、管理技术、营销技术等方面产生的影响。通过对发达国家、发展中国家和转型经济体中的外商直接投资（FDI）所产生的技术外溢的比较，FDI 确实对东道国经济存在着外溢效应，外溢效应的规模和范围对不同经济体效果不同。东道国和东道国工业的特征以及它们之间的系统差异决定了 FDI 的外溢效应。这些外溢效应是否容易实现，取决于东道国公司从事投资和学习吸收外国知识和技能的能力和动机。

影子银行

影子银行系统（The Shadow Banking System）又称为平行银行系统（The Parallel Banking System），包括投资银行、对冲基金、货币市场基金、债券、保险公司、结构性投资工具（SIV）等非银行金融机构。影子银行 2007 年由美联储年度会议提出，是美国次贷危机爆发之后出现的一个重要金融学概念。它通过银行贷款证券化进行信用无限扩张，其核心是把传统的银行信贷关系演变为隐藏在证券化中的信贷关系，这种信贷关系看上去像传统银行但仅是行使传统银行的功能而没有传统银行的组织机构，即类似一个“影子银行”体系存在。影子银行是游离于银行监管体系之外、可能引发系统性风险和监管套利等问题的信用中介体系（包括各类相关机构和业务活动）。影子银行引发系统性风险的因素主要包括四个方面：期限错配、流动性转换、信用转换和高杠杆。目前我国的影子银行并不单指有多少单独的机构，更多是阐释规避监管的功能，主要有银行理财产品、非银行金融机构贷款产品和民间借贷三种存在形式。

第五代移动通信

与 4G、3G、2G 不同，第五代移动通信即 5G，并不是一个单一的无线接入技术，而是多种新型无线接入技术和现有无线接入技术演进集成后的解决方案总称。5G 是面向 2020 年移动通信发展的新一代移动通信系统，具有超高的频谱利用率和超低的功耗，在传输速率、资源利用、无线覆盖性能和用户体验等方面将比 4G 有显著提升。

海绵城市

海绵城市是新一代城市雨洪管理概念，指城市在适应环境变化和应对雨水带来的自然灾害等方面具有良好的“弹性”，也称为“水弹性城市”，国际通用术语为“低影响开发雨水系统构建”，下雨时吸水、蓄水、渗水、净水，需要时将蓄存的水“释放”并加以利用。2013年12月12日，习近平总书记在中央城镇化工作会议上所作的讲话中强调：提升城市排水系统时要优先考虑把有限的雨水留下来，优先考虑更多利用自然力量排水，建设自然存积、自然渗透、自然净化的海绵城市。国务院办公厅2015年10月印发《关于推进海绵城市建设的指导意见》。意见指出，建设海绵城市，统筹发挥自然生态功能和人工干预功能，有效控制雨水径流，实现自然积存、自然渗透、自然净化的城市发展方式，有利于修复城市水生态、涵养水资源，增强城市防涝能力，扩大公共产品有效投资，提高新型城镇化质量，促进人与自然和谐发展。意见明确，通过海绵城市建设，最大限度地减少城市开发建设对生态环境的影响，将70%的降雨就地消纳和利用。到2020年，城市建成区20%以上的面积达到目标要求；到2030年，城市建成区80%以上的面积达到目标要求。

清单管理制度

清单管理是指针对某项职能范围内的管理活动，分析流程，建立台账，并对流程内容进行细化量化，形成清单，明确控制要点，检查考核按清单执行。清单管理能方便快捷地反映出动态化的痕迹，能追溯到整个管理过程的来龙去脉。清单管理制度是参照清单管理流程制定权力清单、责任清单和负面清单：权力清单即明确政府该做什么，做到“法无授权不可为”；责任清单即明确政府该怎么管市场，做到“法定责任必须为”；负面清单即明确企业不该干什么，做到“法无禁止皆可为”。

创业板、新三板

创业板（Growth Enterprises Market Board），又称二板市场（Second-Board Market）即第二股票交易市场，是与主板市场（Main-Board Market）不同的一类证券市场，专为暂时无法在主板上市的创业型企业、中小企业和高科技产业企业等需要进行融资和发展的企业提供融资途径和成长空间的证券交易市场，是对主板市场的重要补充，在资本市场有着重要的位置。在中国，创业板的市场代码是 300 开头的。创业板与主板市场相比，上市要求往往更加宽松，主要体现在成立时间、资本规模、中长期业绩等的要求上。创业板市场最大的特点就是低门槛进入，严要求运作，有助于有潜力的中小企业获得融资机会。在创业板市场上市的公司大多从事高科技业务，具有较高的成长性，但往往成立时间较短规模较小，业绩也不突出，但有很大的成长空间。可以说，创业板是一个门槛低、风险大、监管严格的股票市场，也是孵化科技型、成长型企业的摇篮。新三板市场原指中关村科技园区非上市股份有限公司进入代办股份系统进行转让试点，因挂牌企业均为高科技企业而不同于原转让系统内的退市企业及原 STAQ、NET 系统挂牌公司，故形象地称为“ 新三板 ”。目前，新三板不再局限于中关村科技园区非上市股份有限公司，也不局限于天津滨海、武汉东湖以及上海张江等试点地的非上市股份有限公司，而是全国性的非上市股份有限公司股权交易平台，主要针对的是中小微型企业。

附 录

政府工作报告

——2017 年 3 月 5 日在第十二届全国人民代表大会第五次会议上

国务院总理　李克强

各位代表：

现在，我代表国务院，向大会报告政府工作，请予审议，并请全国政协各位委员提出意见。

一、2016 年工作回顾

过去一年，我国发展面临国内外诸多矛盾叠加、风险隐患交汇的严峻挑战。在以习近平同志为核心的党中央坚强领导下，全国各族人民迎难而上，砥砺前行，推动经济社会持续健康发展。党的十八届六中全会正式明确习近平总书记的核心地位，体现了党和人民的根本利益，对保证党和国家兴旺发达、长治久安，具有十分重大而深远的意义。各地区、各部门不断增强政治意识、大局意识、核心意识、看齐意识，推动全面建成小康社会取得新的重要进展，全面深化改革迈出重大步伐，全面依法治国深入实施，全面从严治党纵深推进，全年经济社会发展主要目标任务圆满完成，“十三五”实现了良好开局。

——经济运行缓中趋稳、稳中向好。国内生产总值达到74.4万亿元，增长6.7%，名列世界前茅，对全球经济增长的贡献率超过30%。居民消费价格上涨2%。工业企业利润由上年下降2.3%转为增长8.5%，单位国内生产总值能耗下降5%，经济发展的质量和效益明显提高。

——就业增长超出预期。全年城镇新增就业1314万人。高校毕业生就业创业人数再创新高。年末城镇登记失业率4.02%，为多年来最低。13亿多人口的发展中大国，就业比较充分，十分不易。

——改革开放深入推进。重要领域和关键环节改革取得突破性进展，供给侧结构性改革初见成效。对外开放推出新举措，"一带一路"建设进展快速，一批重大工程和国际产能合作项目落地。

——经济结构加快调整。消费在经济增长中发挥主要拉动作用。服务业增加值占国内生产总值比重上升到51.6%。高技术产业、装备制造业较快增长。农业稳中调优，粮食再获丰收。

——发展新动能不断增强。创新驱动发展战略深入实施。科技领域取得一批国际领先的重大成果。新兴产业蓬勃兴起，传统产业加快转型升级。大众创业、万众创新广泛开展，全年新登记企业增长24.5%，平均每天新增1.5万户，加上个体工商户等，各类市场主体每天新增4.5万户。新动能正在撑起发展新天地。

——基础设施支撑能力持续提升。新建高速铁路投产里程超过1900公里，新建改建高速公路6700多公里、农村公路29万公里。城市轨道交通、地下综合管廊建设加快。新开工重大水利工程21项。新增第四代移动通信用户3.4亿、光缆线路550多万公里。

——人民生活继续改善。全国居民人均可支配收入实际增长6.3%。农村贫困人口减少1240万，易地扶贫搬迁人口超过240万。棚户区住房改造600多万套，农村危房改造380多万户。国内旅游快速增长，出境旅游超过1.2亿人次，城乡居民生活水平有新的提高。

我国成功主办二十国集团领导人杭州峰会，推动取得一系列开创性、引领性、机制性重要成果，在全球经济治理中留下深刻的中国印记。

回顾过去一年，走过的路很不寻常。我们面对的是世界经济和贸易增速7年来最低、国际金融市场波动加剧、地区和全球性挑战突发多发的外部环境，面对的是国内结构性问题突出、风险隐患显现、经济下行压力加大的多重困难，面对的是改革进入攻坚期、利益关系深刻调整、影响社会稳定因素增多的复杂局面。在这种情况下，经济能够稳住很不容易，出现诸多向好变化更为难得。这再次表明，中国人民有勇气、有智慧、有能力战胜任何艰难险阻，中国经济有潜力、有韧性、有优势，中国的发展前景一定会更好。

一年来，我们主要做了以下工作。

一是继续创新和加强宏观调控，经济运行保持在合理区间。去年宏观调控面临多难抉择，我们坚持不搞“大水漫灌”式强刺激，而是依靠改革创新来稳增长、调结构、防风险，在区间调控基础上，加强定向调控、相机调控。积极的财政政策力度加大，增加的财政赤字主要用于减税降费。全面推开营改增试点，全年降低企业税负5700多亿元，所有行业实现税负只减不增。制定实施中央与地方增值税收入划分过渡方案，确保地方既有财力不变。扩大地方政府存量债务置换规模，降低利息负担约4000亿元。稳健的货币政策灵活适度，广义货币M_2增长11.3%，低于13%左右的预期目标。综合运用多种货币政策工具，支持实体经济发展。实施促进消费升级措施。出台鼓励民间投资等政策，投资出现企稳态势。分类调控房地产市场。加强金融风险防控，人民币汇率形成机制进一步完善，保持了在合理均衡水平上的基本稳定，维护了国家经济金融安全。

二是着力抓好“三去一降一补”，供给结构有所改善。以钢铁、煤炭行业为重点去产能，全年退出钢铁产能超过 6500 万吨、煤炭产能超过 2.9 亿吨，超额完成年度目标任务，分流职工得到较好安置。支持农民工在城镇购房，提高棚改货币化安置比例，房地产去库存取得积极成效。推动企业兼并重组，发展直接融资，实施市场化法治化债转股，工业企业资产负债率有所下降。着眼促进企业降成本，出台减税降费、降低“五险一金”缴费比例、下调用电价格等举措。加大补短板力度，办了一批当前急需又利长远的大事。

三是大力深化改革开放，发展活力进一步增强。全面深化改革，推出一批标志性、支柱性改革举措。围绕处理好政府和市场关系这一经济体制改革的核心问题，持续推进简政放权、放管结合、优化服务改革。在提前完成本届政府减少行政审批事项三分之一目标的基础上，去年又取消 165 项国务院部门及其指定地方实施的审批事项，清理规范 192 项审批中介服务事项、220 项职业资格许可认定事项。深化商事制度改革。全面推行“双随机、一公开”，增强事中事后监管的有效性，推进“互联网 + 政务服务”。推动国有企业调整重组和混合所有制改革。建立公平竞争审查制度。深化资源税改革。完善农村土地“三权分置”办法，建立贫困退出机制。推进科技管理体制改革，扩大高校和科研院所自主权，出台以增加知识价值为导向的分配政策。放开养老服务市场。扩大公立医院综合改革试点，深化药品医疗器械审评审批制度改革。制定自然资源统一确权登记办法，开展省以下环保机构监测监察执法垂直管理、耕地轮作休耕改革等试点，全面推行河长制，健全生态保护补偿机制。改革为经济社会发展增添了新动力。

积极扩大对外开放。推进“一带一路”建设，与沿线国家加强战略对接、务实合作。人民币正式纳入国际货币基金组织特别提款权货币篮子。“深港通”开启。完善促进外贸发展措施，新设 12 个跨境电子商务综合试验区，进出口逐步回稳。推广上海等自贸试验区改革创新成果，新设 7 个自贸试验区。除少数实行准入特别管理措施领域外，外资企业设立及变更一律由审批改为备案管理。实际使用外资 1300 多亿美元，继续位居发展中国家首位。

四是强化创新引领，新动能快速成长。深入推进“互联网 +”行动和国家大数据战略，全面实施《中国制造 2025》，落实和完善“双创”政策措施。部署启动面向 2030 年的科技创新重大项目，支持北京、上海建设具有全球影响力的科技创新中心，新设 6 个国家自主创新示范区。全社会研发经费支出与国内生产总值之比达到 2.08%。国内有效发明专利拥有量突破 100 万件，技术交易额超过 1 万亿元。科技进步贡献率上升到 56.2%，创新对发展的支撑作用明显增强。

五是促进区域城乡协调发展，新的增长极增长带加快形成。深入实施“一带一路”建设、京津冀协同发展、长江经济带发展三大战略，启动建设一批重点项目。编制西部大开发“十三五”规划，实施新一轮东北振兴战略，推动中部地区崛起，支持东部地区率先发展。加快推进新型城镇化，深化户籍制度改革，全面推行居住证制度，又有 1600 万人进城落户。发展的协同叠加效应不断显现。

六是加强生态文明建设，绿色发展取得新进展。制定实施生态文明建设目标评价考核办法，建设国家生态文明试验区。强化大气污染治理，二氧化硫、氮氧化物排放量分别下降 5.6% 和 4%，74 个重点城市细颗粒物（$PM_{2.5}$）年均浓度下降 9.1%。优化能源结构，清洁能源消费比重提高 1.7 个百分点，煤炭消费比重下降 2 个百分点。推进水污染防治，出台土壤污染防治行动计划。开展中央环境保护督察，严肃查处一批环境违法案件，推动了环保工作深入开展。

七是注重保障和改善民生，人民群众获得感增强。在财政收支压力加大情况下，民生投入继续增加。出台新的就业创业政策，扎实做好重点人群、重点地区就业工作。全面推进脱贫攻坚，全国财政专项扶贫资金投入超过1000亿元。提高低保、优抚、退休人员基本养老金等标准，为1700多万困难和重度残疾人发放生活或护理补贴。财政性教育经费支出占国内生产总值比例继续超过4%。重点高校招收贫困地区农村学生人数增长21.3%。免除农村贫困家庭学生普通高中学杂费。全年资助各类学校家庭困难学生8400多万人次。整合城乡居民基本医保制度，提高财政补助标准。增加基本公共卫生服务经费。实现大病保险全覆盖，符合规定的省内异地就医住院费用可直接结算。加强基层公共文化服务。实施全民健身计划，体育健儿在里约奥运会、残奥会上再创佳绩。去年部分地区特别是长江流域发生严重洪涝等灾害，通过及时有力开展抢险救灾，紧急转移安置900多万人次，最大限度降低了灾害损失，恢复重建有序进行。

八是推进政府建设和治理创新，社会保持和谐稳定。国务院提请全国人大常委会审议法律议案13件，制定修订行政法规8件。完善公共决策吸纳民意机制，认真办理人大代表建议和政协委员提案。推进政务公开，省级政府部门权力和责任清单全面公布。加大督查问责力度，组织开展第三次国务院大督查，对去产能、民间投资等政策落实情况进行专项督查和第三方评估，严肃查处一些地区违规新建钢铁项目、生产销售“地条钢”等行为。加强安全生产工作，事故总量和重特大事故数量继续下降。强化社会治安综合治理，依法打击违法犯罪，有力维护了国家安全和公共安全。

扎实开展“两学一做”学习教育，认真落实党中央八项规定精神，坚决纠正“四风”，严格执行国务院“约法三章”。依法惩处一批腐败分子，反腐败斗争形成压倒性态势。

过去一年，中国特色大国外交卓有成效。习近平主席等国家领导人出访多国，出席亚太经合组织领导人非正式会议、上海合作组织峰会、金砖国家领导人会晤、核安全峰会、联大系列高级别会议、亚欧首脑会议、东亚合作领导人系列会议等重大活动。成功举办澜沧江—湄公河合作首次领导人会议。同主要大国协调合作得到加强，同周边国家全面合作持续推进，同发展中国家友好合作不断深化，同联合国等国际组织联系更加密切。积极促进全球治理体系改革与完善。推动《巴黎协定》生效。经济外交、人文交流成果丰硕。坚定维护国家领土主权和海洋权益。中国作为负责任大国，在国际和地区事务中发挥了建设性作用，为世界和平与发展作出了重要贡献。

隆重庆祝中国共产党成立 95 周年，隆重纪念中国工农红军长征胜利 80 周年，宣示了我们不忘初心、继续前进、战胜一切困难的坚强意志，彰显了全国人民走好新的长征路、不断夺取新胜利的坚定决心！

各位代表！

过去一年取得的成绩，是以习近平同志为核心的党中央正确领导的结果，是全党全军全国各族人民团结奋斗的结果。我代表国务院，向全国各族人民，向各民主党派、各人民团体和各界人士，表示诚挚感谢！向香港特别行政区同胞、澳门特别行政区同胞、台湾同胞和海外侨胞，表示诚挚感谢！向关心和支持中国现代化建设事业的各国政府、国际组织和各国朋友，表示诚挚感谢！

我们也清醒看到，经济社会发展中还存在不少困难和问题。经济增长内生动力仍需增强，部分行业产能过剩严重，一些企业生产经营困难较多，地区经济走势分化，财政收支矛盾较大，经济金融风险隐患不容忽视。环境污染形势依然严峻，特别是一些地区严重雾霾频发，治理措施需要进一步加强。在住房、教育、医疗、养老、食品药品安全、收入分配等方面，人民群众还有不少不满意的地方。煤矿、建筑、交通等领域发生了一些重大安全事故，令人痛心。政府工作存在不足，有些改革举措和政策落实不到位，涉企收费多、群众办事难等问题仍较突出，行政执法中存在不规范不公正不文明现象，少数干部懒政怠政、推诿扯皮，一些领域腐败问题时有发生。我们一定要直面挑战，敢于担当，全力以赴做好政府工作，不辱历史使命，不负人民重托。

二、2017年工作总体部署

今年将召开中国共产党第十九次全国代表大会，是党和国家事业发展中具有重大意义的一年。做好政府工作，要在以习近平同志为核心的党中央领导下，高举中国特色社会主义伟大旗帜，全面贯彻党的十八大和十八届三中、四中、五中、六中全会精神，以邓小平理论、“三个代表”重要思想、科学发展观为指导，深入贯彻习近平总书记系列重要讲话精神和治国理政新理念新思想新战略，统筹推进“五位一体”总体布局和协调推进“四个全面”战略布局，坚持稳中求进工作总基调，牢固树立和贯彻落实新发展理念，适应把握引领经济发展新常态，坚持以提高发展质量和效益为中心，坚持宏观政策要稳、产业政策要准、微观政策要活、改革政策要实、社会政策要托底的政策思路，坚持以推进供给侧结构性改革为主线，适度扩大总需求，加强预期引导，深化创新驱动，全面做好稳增长、促改革、调结构、惠民生、防风险各项工作，保持经济平稳健康发展和社会和谐稳定，以优异成绩迎接党的十九大胜利召开。

综合分析国内外形势，我们要做好应对更加复杂严峻局面的充分准备。世界经济增长低迷态势仍在延续，“逆全球化”思潮和保护主义倾向抬头，主要经济体政策走向及外溢效应变数较大，不稳定不确定因素明显增加。我国发展处在爬坡过坎的关键阶段，经济运行存在不少突出矛盾和问题。困难不容低估，信心不可动摇。我国物质基础雄厚、人力资源充裕、市场规模庞大、产业配套齐全、科技进步加快、基础设施比较完善，经济发展具有良好支撑条件，宏观调控还有不少创新手段和政策储备。我们坚信，有党的坚强领导，坚持党的基本路线，坚定不移走中国特色社会主义道路，依靠人民群众的无穷创造力，万众一心、奋力拼搏，我国发展一定能够创造新的辉煌。

今年发展的主要预期目标是：国内生产总值增长6.5%左右，在实际工作中争取更好结果；居民消费价格涨幅3%左右；城镇新增就业1100万人以上，城镇登记失业率4.5%以内；进出口回稳向好，国际收支基本平衡；居民收入和经济增长基本同步；单位国内生产总值能耗下降3.4%以上，主要污染物排放量继续下降。

今年的经济增长预期目标，符合经济规律和客观实际，有利于引导和稳定预期、调整结构，也同全面建成小康社会要求相衔接。稳增长的重要目的是为了保就业、惠民生。今年就业压力加大，要坚持就业优先战略，实施更加积极的就业政策。城镇新增就业预期目标比去年多100万人，突出了更加重视就业的导向。从经济基本面和就业吸纳能力看，这一目标通过努力是能够实现的。

今年要继续实施积极的财政政策和稳健的货币政策，在区间调控基础上加强定向调控、相机调控，提高预见性、精准性和有效性，注重消费、投资、区域、产业、环保等政策的协调配合，确保经济运行在合理区间。

财政政策要更加积极有效。今年赤字率拟按3%安排，财政赤字2.38万亿元，比去年增加2000亿元。其中，中央财政赤字1.55万亿元，地方财政赤字8300亿元。安排地方专项债券8000亿元，继续发行地方政府置换债券。今年赤字率保持不变，主要是为了进一步减税降费，全年再减少企业税负3500亿元左右、涉企收费约2000亿元，一定要让市场主体有切身感受。财政预算安排要突出重点、有保有压，加大力度补短板、惠民生。对地方一般性转移支付规模增长9.5%，重点增加均衡性转移支付和困难地区财力补助。压缩非重点支出，减少对绩效不高项目的预算安排。各级政府要坚持过紧日子，中央部门要带头，一律按不低于5%的幅度压减一般性支出，决不允许增加“三公”经费，挤出更多资金用于减税降费，坚守节用裕民的正道。

货币政策要保持稳健中性。今年广义货币 M_2 和社会融资规模余额预期增长均为12%左右。要综合运用货币政策工具，维护流动性基本稳定，合理引导市场利率水平，疏通传导机制，促进金融资源更多流向实体经济，特别是支持“三农”和小微企业。坚持汇率市场化改革方向，保持人民币在全球货币体系中的稳定地位。

做好今年政府工作，要把握好以下几点。一是贯彻稳中求进工作总基调，保持战略定力。稳是大局，要着力稳增长、保就业、防风险，守住金融安全、民生保障、环境保护等方面的底线，确保经济社会大局稳定。在稳的前提下要勇于进取，深入推进改革，加快结构调整，敢于啃“硬骨头”，努力在关键领域取得新进展。二是坚持以推进供给侧结构性改革为主线。必须把改善供给侧结构作为主攻方向，通过简政减税、放宽准入、鼓励创新，持续激发微观主体活力，减少无效低效供给、扩大有效供给，更好适应和引导需求。这是一个化蛹成蝶的转型升级过程，既充满希望又伴随阵痛，既非常紧迫又艰巨复杂。要勇往直前，坚决闯过这个关口。三是适度扩大总需求并提高有效性。我国内需潜力巨大，扩内需既有必要也有可能，关键是找准发力点。要围绕改善民生来扩大消费，着眼补短板、增后劲来增加投资，使扩内需更加有效、更可持续，使供给侧改革和需求侧管理相辅相成、相得益彰。四是依靠创新推动新旧动能转换和结构优化升级。我国发展到现在这个阶段，不靠改革创新没有出路。我们拥有世界上数量最多、素质较高的劳动力，有最大规模的科技和专业技能人才队伍，蕴藏着巨大的创新潜能。要坚持以改革开放为动力、以人力人才资源为支撑，加快创新发展，培育壮大新动能、改造提升传统动能，提高全要素生产率，推动经济保持中高速增长、产业迈向中高端水平。五是着力解决人民群众普遍关心的突出问题。政府的一切工作都是为了人民，要践行以人民为中心的发展思想，把握好我国处于社会主义初级阶段的基本国情。对群众反映强烈、期待迫切的问题，有条件的要抓紧解决，把好事办好；一时难以解决的，要努力创造条件逐步加以解决。我们要咬定青山不放松，持之以恒为群众办实事、解难事，促进社会公平正义，把发展硬道理更多体现在增进人民福祉上。

三、2017 年重点工作任务

面对今年艰巨繁重的改革发展稳定任务，我们要通观全局、统筹兼顾，突出重点、把握关键，正确处理好各方面关系，着重抓好以下几个方面工作。

（一）用改革的办法深入推进“三去一降一补”。要在巩固成果基础上，针对新情况新问题，完善政策措施，努力取得更大成效。

扎实有效去产能。今年要再压减钢铁产能 5000 万吨左右，退出煤炭产能 1.5 亿吨以上。同时，要淘汰、停建、缓建煤电产能 5000 万千瓦以上，以防范化解煤电产能过剩风险，提高煤电行业效率，优化能源结构，为清洁能源发展腾空间。要严格执行环保、能耗、质量、安全等相关法律法规和标准，更多运用市场化法治化手段，有效处置“僵尸企业”，推动企业兼并重组、破产清算，坚决淘汰不达标的落后产能，严控过剩行业新上产能。去产能必须安置好职工，中央财政专项奖补资金要及时拨付，地方和企业要落实相关资金与措施，确保分流职工就业有出路、生活有保障。

因城施策去库存。目前三四线城市房地产库存仍然较多，要支持居民自住和进城人员购房需求。坚持住房的居住属性，落实地方政府主体责任，加快建立和完善促进房地产市场平稳健康发展的长效机制，健全购租并举的住房制度，以市场为主满足多层次需求，以政府为主提供基本保障。加强房地产市场分类调控，房价上涨压力大的城市要合理增加住宅用地，规范开发、销售、中介等行为，遏制热点城市房价过快上涨。目前城镇还有几千万人居住在条件简陋的棚户区，要持续进行改造。今年再完成棚户区住房改造 600 万套，继续发展公租房等保障性住房，因地制宜、多种方式提高货币化安置比例，加强配套设施建设和公共服务，让更多住房困难家庭告别棚户区，让广大人民群众在住有所居中创造新生活。

积极稳妥去杠杆。我国非金融企业杠杆率较高，这与储蓄率高、以信贷为主的融资结构有关。要在控制总杠杆率的前提下，把降低企业杠杆率作为重中之重。促进企业盘活存量资产，推进资产证券化，支持市场化法治化债转股，发展多层次资本市场，加大股权融资力度，强化企业特别是国有企业财务杠杆约束，逐步将企业负债降到合理水平。

多措并举降成本。扩大小微企业享受减半征收所得税优惠的范围，年应纳税所得额上限由 30 万元提高到 50 万元；科技型中小企业研发费用加计扣除比例由 50%提高到 75%，千方百计使结构性减税力度和效应进一步显现。名目繁多的收费使许多企业不堪重负，要大幅降低非税负担。一是全面清理规范政府性基金，取消城市公用事业附加等基金，授权地方政府自主减免部分基金。二是取消或停征中央涉企行政事业性收费 35 项，收费项目再减少一半以上，保留的项目要尽可能降低收费标准。各地也要削减涉企行政事业性收费。三是减少政府定价的涉企经营性收费，清理取消行政审批中介服务违规收费，推动降低金融、铁路货运等领域涉企经营性收费，加强对市场调节类经营服务性收费的监管。四是继续适当降低“五险一金”有关缴费比例。五是通过深化改革、完善政策，降低企业制度性交易成本，降低用能、物流等成本。各有关部门和单位都要舍小利顾大义，使企业轻装上阵，创造条件形成我国竞争新优势。

精准加力补短板。要针对严重制约经济社会发展和民生改善的突出问题，结合实施“十三五”规划确定的重大项目，加大补短板力度，加快提升公共服务、基础设施、创新发展、资源环境等支撑能力。

贫困地区和贫困人口是全面建成小康社会最大的短板。要深入实施精准扶贫精准脱贫，今年再减少农村贫困人口1000万以上，完成易地扶贫搬迁340万人。中央财政专项扶贫资金增长30%以上。加强集中连片特困地区、革命老区、边疆和民族地区开发，改善基础设施和公共服务，推动特色产业发展、劳务输出、教育和健康扶贫，做好因病等致贫返贫群众帮扶，实施贫困村整体提升工程，增强贫困地区和贫困群众自我发展能力。推进贫困县涉农资金整合，强化资金和项目监管。创新扶贫协作机制，支持和引导社会力量参与扶贫。切实落实脱贫攻坚责任制，实施最严格的评估考核，严肃查处假脱贫、“被脱贫”、数字脱贫，确保脱贫得到群众认可、经得起历史检验。

（二）深化重要领域和关键环节改革。要全面深化各领域改革，加快推进基础性、关键性改革，增强内生发展动力。

持续推进政府职能转变。使市场在资源配置中起决定性作用和更好发挥政府作用，必须深化简政放权、放管结合、优化服务改革。这是政府自身的一场深刻革命，要继续以壮士断腕的勇气，坚决披荆斩棘向前推进。全面实行清单管理制度，制定国务院部门权力和责任清单，加快扩大市场准入负面清单试点，减少政府的自由裁量权，增加市场的自主选择权。清理取消一批生产和服务许可证。深化商事制度改革，实行多证合一，扩大“证照分离”改革试点。完善事中事后监管制度，实现“双随机、一公开”监管全覆盖，推进综合行政执法。加快国务院部门和地方政府信息系统互联互通，形成全国统一政务服务平台。我们一定要让企业和群众更多感受到“放管服”改革成效，着力打通“最后一公里”，坚决除烦苛之弊、施公平之策、开便利之门。

继续推进财税体制改革。落实和完善全面推开营改增政策。简化增值税税率结构，今年由四档税率简并至三档，营造简洁透明、更加公平的税收环境，进一步减轻企业税收负担。加快推进中央与地方财政事权和支出责任划分改革，制定收入划分总体方案，健全地方税体系，规范地方政府举债行为。深入推进政府预决算公开，倒逼沉淀资金盘活，提高资金使用效率，每一笔钱都要花在明处、用出实效。

抓好金融体制改革。促进金融机构突出主业、下沉重心，增强服务实体经济能力，坚决防止脱实向虚。鼓励大中型商业银行设立普惠金融事业部，国有大型银行要率先做到，实行差别化考核评价办法和支持政策，有效缓解中小微企业融资难、融资贵问题。发挥好政策性开发性金融作用。推进农村信用社改革，强化服务“三农”功能。深化多层次资本市场改革，完善主板市场基础性制度，积极发展创业板、新三板，规范发展区域性股权市场。拓宽保险资金支持实体经济渠道。大力发展绿色金融。推动融资租赁业健康发展。当前系统性风险总体可控，但对不良资产、债券违约、影子银行、互联网金融等累积风险要高度警惕。积极稳妥推进金融监管体制改革，有序化解处置突出风险点，整顿规范金融秩序，筑牢金融风险“防火墙”。我国经济基本面好，商业银行资本充足率、拨备覆盖率比较高，可动用的工具和手段多。对守住不发生系统性金融风险的底线，我们有信心和底气、有能力和办法。

深入推进国企国资改革。要以提高核心竞争力和资源配置效率为目标，形成有效制衡的公司法人治理结构、灵活高效的市场化经营机制。今年要基本完成公司制改革。深化混合所有制改革，在电力、石油、天然气、铁路、民航、电信、军工等领域迈出实质性步伐。抓好电力和石油天然气体制改革，开放竞争性业务。持续推进国有企业瘦身健体、提质增效，抓紧剥离办社会职能，解决历史遗留问题。推进国有资本投资、运营公司改革试点。改善和加强国有资产监管，确保资产保值增值，把人民的共同财富切实守护好、发展好。

更好激发非公有制经济活力。深入落实支持非公有制经济发展的政策措施。积极构建新型政商关系。鼓励非公有制企业参与国有企业改革。坚持权利平等、机会平等、规则平等，进一步放宽非公有制经济市场准入。凡法律法规未明确禁入的行业和领域，都要允许各类市场主体平等进入；凡向外资开放的行业和领域，都要向民间资本开放；凡影响市场公平竞争的不合理行为，都要坚决制止。

加强产权保护制度建设。保护产权就是保护劳动、保护发明创造、保护和发展生产力。要加快完善产权保护制度，依法保障各种所有制经济组织和公民财产权，激励人们创业创新创富，激发和保护企业家精神，使企业家安心经营、放心投资。对于侵害企业和公民产权的行为，必须严肃查处、有错必纠。

大力推进社会体制改革。深化收入分配制度配套改革。稳步推动养老保险制度改革，划转部分国有资本充实社保基金。深化医疗、医保、医药联动改革。全面推开公立医院综合改革，全部取消药品加成，协调推进医疗价格、人事薪酬、药品流通、医保支付方式等改革。深入推进教育、文化和事业单位等改革，把社会领域的巨大发展潜力充分释放出来。

深化生态文明体制改革。完善主体功能区制度和生态补偿机制，建立资源环境监测预警机制，开展健全国家自然资源资产管理体制试点，出台国家公园体制总体方案，为生态文明建设提供有力制度保障。

（三）进一步释放国内需求潜力。推动供给结构和需求结构相适应、消费升级和有效投资相促进、区域城乡发展相协调，增强内需对经济增长的持久拉动作用。

促进消费稳定增长。适应消费需求变化，完善政策措施，改善消费环境。一要加快发展服务消费。开展新一轮服务业综合改革试点，支持社会力量提供教育、文化、养老、医疗等服务。推动服务业模式创新和跨界融合，发展医养结合、文化创意等新兴消费。落实带薪休假制度，完善旅游设施和服务，大力发展乡村、休闲、全域旅游。扩大数字家庭、在线教育等信息消费。促进电商、快递进社区进农村，推动实体店销售和网购融合发展。二要增加高品质产品消费。引导企业增品种、提品质、创品牌，扩大内外销产品“同线同标同质”实施范围，更好满足消费升级需求。三要整顿和规范市场秩序。严肃查处假冒伪劣、虚假广告、价格欺诈等行为，加强消费者权益保护，让群众花钱消费少烦心、多舒心。

积极扩大有效投资。引导资金更多投向补短板、调结构、促创新、惠民生的领域。今年要完成铁路建设投资 8000 亿元、公路水运投资 1.8 万亿元，再开工 15 项重大水利工程，继续加强轨道交通、民用和通用航空、电信基础设施等重大项目建设。中央预算内投资安排 5076 亿元。落实和完善促进民间投资的政策措施。深化政府和社会资本合作，完善相关价格、税费等优惠政策，政府要带头讲诚信，决不能随意改变约定，决不能“新官不理旧账”。

优化区域发展格局。统筹推进三大战略和“四大板块”发展，实施好相关规划，研究制定新举措。推动国家级新区、开发区、产业园区等创新发展。支持资源枯竭、生态严重退化等地区经济转型发展。优化空域资源配置。推进海洋经济示范区建设，加快建设海洋强国，坚决维护国家海洋权益。

扎实推进新型城镇化。深化户籍制度改革，今年实现进城落户 1300 万人以上，加快居住证制度全覆盖。支持中小城市和特色小城镇发展，推动一批具备条件的县和特大镇有序设市，发挥城市群辐射带动作用。促进“多规合一”，提升城市规划设计水平。推进建筑业改革发展，提高工程质量。统筹城市地上地下建设，加强城市地质调查，再开工建设城市地下综合管廊2000公里以上，启动消除城区重点易涝区段三年行动，推进海绵城市建设，有效治理交通拥堵等“城市病”，使城市既有“面子”、更有“里子”。

（四）以创新引领实体经济转型升级。实体经济从来都是我国发展的根基，当务之急是加快转型升级。要深入实施创新驱动发展战略，推动实体经济优化结构，不断提高质量、效益和竞争力。

提升科技创新能力。完善对基础研究和原创性研究的长期稳定支持机制，建设国家重大科技基础设施和技术创新中心，打造科技资源开放共享平台。推进全面创新改革试验。改革科技评价制度。切实落实高校和科研院所自主权，落实股权期权和分红等激励政策，落实科研经费和项目管理制度改革，让科研人员不再为杂事琐事分心劳神。开展知识产权综合管理改革试点，完善知识产权创造、保护和运用体系。深化人才发展体制改革，实施更加有效的人才引进政策，广聚天下英才，充分激发科研人员积极性，定能成就创新大业。

加快培育壮大新兴产业。全面实施战略性新兴产业发展规划，加快新材料、新能源、人工智能、集成电路、生物制药、第五代移动通信等技术研发和转化，做大做强产业集群。支持和引导分享经济发展，提高社会资源利用效率，便利人民群众生活。本着鼓励创新、包容审慎原则，制定新兴产业监管规则，引导和促进新兴产业健康发展。深化统计管理体制改革，健全新兴产业统计。在互联网时代，各领域发展都需要速度更快、成本更低、安全性更高的信息网络。今年网络提速降费要迈出更大步伐，年内全部取消手机国内长途和漫游费，大幅降低中小企业互联网专线接入资费，降低国际长途电话费，推动“互联网＋”深入发展、促进数字经济加快成长，让企业广泛受益、群众普遍受惠。

大力改造提升传统产业。深入实施《中国制造 2025》，加快大数据、云计算、物联网应用，以新技术新业态新模式，推动传统产业生产、管理和营销模式变革。把发展智能制造作为主攻方向，推进国家智能制造示范区、制造业创新中心建设，深入实施工业强基、重大装备专项工程，大力发展先进制造业，推动中国制造向中高端迈进。完善制造强国建设政策体系，以多种方式支持技术改造，促进传统产业焕发新的蓬勃生机。

持续推进大众创业、万众创新。“双创”是以创业创新带动就业的有效方式，是推动新旧动能转换和经济结构升级的重要力量，是促进机会公平和社会纵向流动的现实渠道，要不断引向深入。新建一批“双创”示范基地，鼓励大企业和科研院所、高校设立专业化众创空间，加强对创新型中小微企业支持，打造面向大众的“双创”全程服务体系，使各类主体各展其长、线上线下良性互动，使小企业铺天盖地、大企业顶天立地，市场活力和社会创造力竞相迸发。

全面提升质量水平。广泛开展质量提升行动，加强全面质量管理，夯实质量技术基础，强化质量监督，健全优胜劣汰质量竞争机制。质量之魂，存于匠心。要大力弘扬工匠精神，厚植工匠文化，恪尽职业操守，崇尚精益求精，完善激励机制，培育众多“中国工匠”，打造更多享誉世界的“中国品牌”，推动中国经济发展进入质量时代。

（五）促进农业稳定发展和农民持续增收。深入推进农业供给侧结构性改革，完善强农惠农政策，拓展农民就业增收渠道，保障国家粮食安全，推动农业现代化与新型城镇化互促共进，加快培育农业农村发展新动能。

推进农业结构调整。引导农民根据市场需求发展生产，增加优质绿色农产品供给，扩大优质水稻、小麦生产，适度调减玉米种植面积，粮改饲试点面积扩大到 1000 万亩以上。鼓励多渠道消化玉米库存。支持主产区发展农产品精深加工，发展观光农业、休闲农业，拓展产业链价值链，打造农村一二三产业融合发展新格局。

加强现代农业建设。加快推进农产品标准化生产、品牌创建和保护，打造粮食生产功能区、重要农产品生产保护区、特色农产品优势区和现代农业产业园。推进土地整治，大力改造中低产田，推广旱作技术，新增高效节水灌溉面积2000万亩。加强耕地保护，改进占补平衡。发展多种形式适度规模经营，是中国特色农业现代化的必由之路，离不开农业保险有力保障。今年在13个粮食主产省选择部分县市，对适度规模经营农户实施大灾保险，调整部分财政救灾资金予以支持，提高保险覆盖面和理赔标准，完善农业再保险体系，以持续稳健的农业保险助力现代农业发展。

深化农村改革。稳步推进农村集体产权制度改革，深化农村土地制度改革试点，赋予农民更多财产权利。完善粮食等重要农产品价格形成机制和收储制度，推进农业水价综合改革。深化集体林权、国有林区林场、农垦、供销社等改革。加强农村基层组织建设。健全农村“双创”促进机制，培养更多新型职业农民，支持农民工返乡创业，进一步采取措施鼓励高校毕业生、退役军人、科技人员到农村施展才华。

加强农村公共设施建设。新建改建农村公路20万公里。实现农村稳定可靠供电服务和平原地区机井通电全覆盖。完成3万个行政村通光纤。提高农村饮水安全供水保证率。加大农村危房改造力度。深入推进农村人居环境整治，建设既有现代文明、又具田园风光的美丽乡村。

（六）积极主动扩大对外开放。面对国际环境新变化和国内发展新要求，要进一步完善对外开放战略布局，加快构建开放型经济新体制，推动更深层次更高水平的对外开放。

扎实推进“一带一路”建设。坚持共商共建共享，加快陆上经济走廊和海上合作支点建设，构建沿线大通关合作机制。深化国际产能合作，带动我国装备、技术、标准、服务走出去，实现优势互补。加强教育、科技、文化、卫生、旅游等人文交流合作。高质量办好“一带一路”国际合作高峰论坛，同奏合作共赢新乐章。

促进外贸继续回稳向好。落实和完善进出口政策，推动优进优出。扩大出口信用保险覆盖面，对成套设备出口融资应保尽保。推进服务贸易创新发展试点，设立服务贸易创新发展引导基金。支持市场采购贸易、外贸综合服务企业发展。加快外贸转型升级示范基地建设。促进加工贸易向产业链中高端延伸、向中西部地区梯度转移。推广国际贸易“单一窗口”，实现全国通关一体化。增加先进技术、设备和关键零部件进口，促进贸易平衡发展和国内产业加快升级。

大力优化外商投资环境。修订外商投资产业指导目录，进一步放宽服务业、制造业、采矿业外资准入。支持外商投资企业在国内上市、发债，允许参与国家科技计划项目。在资质许可、标准制定、政府采购、享受《中国制造2025》政策等方面，对内外资企业一视同仁。地方政府可在法定权限范围内，制定出台招商引资优惠政策。高标准高水平建设11个自贸试验区，全面推广成熟经验。引导对外投资健康规范发展，提升风险防范能力。中国开放的大门会越开越大，必将继续成为最富吸引力的外商投资目的地。

推进国际贸易和投资自由化便利化。经济全球化符合世界各国的根本利益。中国将坚定不移推动全球经济合作，维护多边贸易体制主渠道地位，积极参与多边贸易谈判。我们愿与有关国家一道，推动中国—东盟自贸区升级议定书全面生效实施，早日结束区域全面经济伙伴关系协定谈判，推进亚太自贸区建设。继续与有关国家和地区商谈投资贸易协定。中国是负责任的国家，作出的承诺一直认真履行，应有的权益将坚决捍卫。

（七）加大生态环境保护治理力度。加快改善生态环境特别是空气质量，是人民群众的迫切愿望，是可持续发展的内在要求。必须科学施策、标本兼治、铁腕治理，努力向人民群众交出合格答卷。

坚决打好蓝天保卫战。今年二氧化硫、氮氧化物排放量要分别下降3%，重点地区细颗粒物（$PM_{2.5}$）浓度明显下降。一要加快解决燃煤污染问题。全面实施散煤综合治理，推进北方地区冬季清洁取暖，完成以电代煤、以气代煤300万户以上，全部淘汰地级以上城市建成区燃煤小锅炉。加大燃煤电厂超低排放和节能改造力度，东中部地区要分别于今明两年完成，西部地区于2020年完成。抓紧解决机制和技术问题，优先保障清洁能源发电上网，有效缓解弃水、弃风、弃光状况。安全高效发展核电。加快秸秆综合利用。二要全面推进污染源治理。开展重点行业污染治理专项行动。对所有重点工业污染源实行24小时在线监控，确保监控质量。明确排放不达标企业最后达标时限，到期不达标的坚决依法关停。三要强化机动车尾气治理。基本淘汰黄标车，加快淘汰老旧机动车，对高排放机动车进行专项整治，鼓励使用清洁能源汽车。提高燃油品质，在重点区域加快推广使用国六标准燃油。四要有效应对重污染天气。加强对大气污染的源解析和雾霾形成机理研究，提高应对的科学性和精准性。扩大重点区域联防联控范围，强化预警和应急措施。五要严格环境执法和督查问责。对偷排、造假的，必须依法惩治；对执法不力、姑息纵容的，必须严肃追究；对空气质量恶化、应对不力的，必须严格问责。治理雾霾人人有责，贵在行动、成在坚持。全社会不懈努力，蓝天必定会一年比一年多起来。

强化水、土壤污染防治。今年化学需氧量、氨氮排放量要分别下降2%。抓好重点流域、区域、海域水污染和农业面源污染防治。开展土壤污染详查，分类制定实施治理措施。加强城乡环境综合整治，倡导绿色生活方式，普遍推行垃圾分类制度。培育壮大节能环保产业，发展绿色再制造和资源循环利用产业，使环境改善与经济发展实现双赢。

推进生态保护和建设。抓紧划定并严守生态保护红线。积极应对气候变化。启动森林质量提升、长江经济带重大生态修复、第二批山水林田湖生态保护工程试点，完成退耕还林还草 1200 万亩以上，加强荒漠化、石漠化治理，积累更多生态财富，构筑可持续发展的绿色长城。

（八）推进以保障和改善民生为重点的社会建设。民生是为政之要，必须时刻放在心头、扛在肩上。在当前国内外形势严峻复杂的情况下，更要优先保障和改善民生，该办能办的实事要竭力办好，基本民生的底线要坚决兜牢。

大力促进就业创业。完善就业政策，加大就业培训力度，加强对灵活就业、新就业形态的支持。今年高校毕业生 795 万人，再创历史新高，要实施好就业促进、创业引领、基层成长等计划，促进多渠道就业创业。落实和完善政策，切实做好退役军人安置工作。加大就业援助力度，扶持城镇困难人员、残疾人就业，确保零就业家庭至少有一人稳定就业。我们必须牢牢抓住就业这一民生之本，让人们在劳动中创造财富，在奋斗中实现人生价值。

办好公平优质教育。统一城乡义务教育学生“两免一补”政策，加快实现城镇义务教育公共服务常住人口全覆盖，持续改善薄弱学校办学条件，扩大优质教育资源覆盖面，不断缩小城乡、区域、校际办学差距。继续扩大重点高校面向贫困地区农村招生规模。提高博士研究生国家助学金补助标准。推进世界一流大学和一流学科建设。继续推动部分本科高校向应用型转变。深化高考综合改革试点。加快发展现代职业教育。加强民族教育，办好特殊教育、继续教育、学前教育和老年教育。支持和规范民办教育发展。加强教师队伍建设。制定实施《中国教育现代化 2030》。我们要发展人民满意的教育，以教育现代化支撑国家现代化，使更多孩子成就梦想、更多家庭实现希望。

推进健康中国建设。城乡居民医保财政补助由每人每年 420 元提高到450元，同步提高个人缴费标准，扩大用药保障范围。在全国推进医保信息联网，实现异地就医住院费用直接结算。完善大病保险制度，提高保障水平。全面启动多种形式的医疗联合体建设试点，三级公立医院要全部参与并发挥引领作用，建立促进优质医疗资源上下贯通的考核和激励机制，增强基层服务能力，方便群众就近就医。分级诊疗试点和家庭签约服务扩大到85%以上地市。做好健康促进，继续提高基本公共卫生服务经费补助标准，加强疾病预防体系和慢性病防控体系建设。及时公开透明有效应对公共卫生事件。保护和调动医务人员积极性。构建和谐医患关系。适应实施全面两孩政策，加强生育医疗保健服务。依法支持中医药事业发展。食品药品安全事关人民健康，必须管得严而又严。要完善监管体制机制，充实基层监管力量，夯实各方责任，坚持源头控制、产管并重、重典治乱，坚决把好人民群众饮食用药安全的每一道关口。

织密扎牢民生保障网。继续提高退休人员基本养老金，确保按时足额发放。稳步提高优抚、社会救助标准，实施好临时救助制度。调整完善自然灾害生活补助机制，全部完成去年洪涝灾害中倒损民房的恢复重建。加强农村留守儿童关爱保护和城乡困境儿童保障。关心帮助军烈属和孤寡老人。全面落实残疾人“两项补贴”制度。县级政府要建立基本生活保障协调机制，切实做好托底工作，使困难群众心里有温暖、生活有奔头。综合运用法律、行政、经济等手段，锲而不舍解决好农民工工资拖欠问题，决不允许他们的辛勤付出得不到应有回报。

发展文化事业和文化产业。加强社会主义精神文明建设，坚持用中国梦和社会主义核心价值观凝聚共识、汇聚力量，坚定文化自信。繁荣发展哲学社会科学和文学艺术创作，发展新闻出版、广播影视、档案等事业。建设中国特色新型智库。实施中华优秀传统文化传承发展工程，加强文物和非物质文化遗产保护利用。大力推动全民阅读，加强科学普及。提高基本公共文化服务均等化水平。加快培育文化产业，加强文化市场监管，净化网络环境。深化中外人文交流，推动中华文化走出去。做好冬奥会、冬残奥会筹办工作，统筹群众体育、竞技体育、体育产业发展，广泛开展全民健身，使更多人享受运动快乐、拥有健康体魄。人民身心健康、乐观向上，国家必将充满生机活力。

推动社会治理创新。健全基层群众自治制度，加强城乡社区治理。充分发挥工会、共青团、妇联等群团组织作用。改革完善社会组织管理制度，依法推进公益和慈善事业健康发展，促进专业社会工作、志愿服务发展。切实保障妇女、儿童、老人、残疾人合法权益。加快社会信用体系建设。加强法治宣传教育和法律服务。落实信访工作责任制，依法及时就地解决群众合理诉求。深化平安中国建设，健全立体化信息化社会治安防控体系，严厉打击暴力恐怖活动，依法惩治黑恶势力犯罪、毒品犯罪和盗窃、抢劫、电信网络诈骗、侵犯个人信息等多发性犯罪，维护国家安全和社会稳定。严格规范公正文明执法，大力整治社会治安突出问题，全方位提高人民群众安全感。

人命关天，安全至上。必须持之以恒抓好安全生产。加强安全基础设施建设，做好地震、气象、测绘、地质等工作。严格安全生产责任制，全面落实企业主体责任、地方属地管理责任、部门监管责任，坚决遏制重特大事故发生，切实保障人民群众生命财产安全。

（九）全面加强政府自身建设。要坚持党的领导，牢固树立“四个意识”，坚决维护以习近平同志为核心的党中央权威，自觉在思想上政治上行动上同党中央保持高度一致，加快转变政府职能、提高行政效能，更好为人民服务。

坚持依法全面履职。各级政府及其工作人员要深入贯彻全面依法治国要求，严格遵守宪法，尊崇法治、敬畏法律、依法行政，建设法治政府。加大政务公开力度。坚持科学决策、民主决策、依法决策，广泛听取各方面意见包括批评意见。各级政府要依法接受同级人大及其常委会的监督，自觉接受人民政协的民主监督，主动接受社会和舆论监督，认真听取人大代表、政协委员、民主党派、工商联、无党派人士和各人民团体的意见。作为人民政府，所有工作都要体现人民意愿、维护人民利益、接受人民监督。

始终保持廉洁本色。要认真落实全面从严治党要求，把党风廉政建设和反腐败工作不断引向深入。坚决贯彻落实党中央八项规定精神，一以贯之纠正“四风”。加强行政监察和审计监督。保持惩治腐败高压态势，聚焦重点领域，严肃查处侵害群众利益的不正之风和腐败问题。广大公务员要持廉守正，干干净净为人民做事。

勤勉尽责干事创业。中国改革发展的巨大成就是广大干部群众实干出来的，再创新业绩还得靠实干。各级政府及其工作人员要干字当头，真抓实干、埋头苦干、结合实际创造性地干，不能简单以会议贯彻会议、以文件落实文件，不能纸上谈兵、光说不练。要充分发挥中央和地方两个积极性，鼓励地方因地制宜、大胆探索，竞相推动科学发展。严格执行工作责任制，特别是对重点任务，要铆紧各方责任、层层传导压力，确保不折不扣落实到位。强化督查问责，严厉整肃庸政懒政怠政行为，坚决治理政务失信。健全激励机制和容错纠错机制，给干事者鼓劲，为担当者撑腰。广大干部要主动作为、动真碰硬，与人民群众同心协力，以实干推动发展，以实干赢得未来。

各位代表！

我国是统一的多民族国家。要坚持和完善民族区域自治制度，认真贯彻党的民族政策，深入开展民族团结进步创建活动。组织好内蒙古自治区成立 70 周年庆祝活动。加大对民族地区发展支持力度，深入实施兴边富民行动，保护和发展少数民族优秀传统文化，扶持人口较少民族发展，推动各族人民在全面建成小康社会进程中实现共同发展繁荣。各民族和睦相处、和衷共济、和谐发展，中华民族大家庭必将更加幸福安康。

我们要全面贯彻党的宗教工作基本方针，依法管理宗教事务，促进宗教关系和谐，发挥宗教界人士和信教群众在促进经济社会发展中的积极作用。

我们要认真落实侨务政策，保障海外侨胞和归侨侨眷合法权益，充分发挥他们的独特优势和重要作用，海内外中华儿女的凝聚力和向心力必将不断增强。

各位代表！

过去一年，国防和军队改革取得重大突破，军队革命化现代化正规化建设取得新进展新成就。新的一年，我们要继续坚持以党在新形势下的强军目标为引领，推进政治建军、改革强军、依法治军，强化练兵备战，坚决有效维护国家主权、安全、发展利益。坚持党对军队的绝对领导，维护和贯彻军委主席负责制。持续深化国防和军队改革。强化海空边防管控，周密组织反恐维稳、国际维和、远海护航等重要行动。提高国防科技自主创新能力，加快现代后勤建设和装备发展。加强全民国防教育、国防动员和后备力量建设。促进经济建设和国防建设协调、平衡、兼容发展，深化国防科技工业体制改革，推动军民融合深度发展。各级政府要以更加扎实有力的举措，支持国防和军队改革建设，让军政军民团结之树根深、枝繁、叶茂！

各位代表！

我们要继续全面准确贯彻“一国两制”、“港人治港”、“澳人治澳”、高度自治的方针，严格依照宪法和基本法办事，确保“一国两制”在香港、澳门实践不动摇、不走样、不变形。全力支持香港、澳门特别行政区行政长官和政府依法施政，发展经济、改善民生、推进民主、促进和谐。“港独”是没有出路的。要推动内地与港澳深化合作，研究制定粤港澳大湾区城市群发展规划，发挥港澳独特优势，提升在国家经济发展和对外开放中的地位与功能。我们对香港、澳门保持长期繁荣稳定始终充满信心。

我们要深入贯彻对台工作大政方针，坚持一个中国原则，维护“九二共识”共同政治基础，维护国家主权和领土完整，维护两岸关系和平发展和台海和平稳定。坚决反对和遏制“台独”分裂活动，绝不允许任何人以任何形式、任何名义把台湾从祖国分裂出去。要持续推进两岸经济社会融合发展，为台湾同胞尤其是青年在大陆学习、就业、创业、生活提供更多便利。两岸同胞要共担民族大义，坚定不移推动祖国和平统一进程，共同创造所有中国人的幸福生活和美好明天。

各位代表！

面对世界政治经济格局的深刻变化，中国将始终站在和平稳定一边，站在公道正义一边，做世界和平的建设者、全球发展的贡献者、国际秩序的维护者。我们将坚定不移走和平发展道路，坚决维护多边体制的权威性和有效性，反对各种形式的保护主义，深入参与全球治理进程，引导经济全球化朝着更加包容互惠、公正合理的方向发展。推动构筑总体稳定、均衡发展的大国关系框架，着力营造睦邻互信、共同发展的周边环境，全面提升同发展中国家合作水平，积极提供解决全球性和地区热点问题的建设性方案。加快完善海外权益保护机制和能力建设。我们愿与国际社会一道，致力构建以合作共赢为核心的新型国际关系，为打造人类命运共同体作出新的贡献。

各位代表！

使命重在担当，实干铸就辉煌。我们要更加紧密地团结在以习近平同志为核心的党中央周围，同心同德，开拓进取，努力完成今年经济社会发展目标任务，为实现“两个一百年”宏伟目标、建设富强民主文明和谐的社会主义现代化国家、实现中华民族伟大复兴的中国梦而不懈奋斗！

视频索引

后记

为帮助广大读者更为轻松地阅读和把握2017年全国两会精神，更好地认识与理解党和国家重要施政方针和重大政策，我们编制了本书。

田舒斌同志高度重视本书编制工作。参加本书统筹和编辑工作的有杨新华、张振明、马铁群、孟灵修、刘敬文、池溢、肖潇、王喆、孙丽颖同志，参与本书数据整理和设计制作的有张桢、殷哲伦、严淑芬、魏文彬、姜子涵、武凡煜等同志；国家行政学院张春晓等同志也在内容上提供了帮助。本书视频由中央电视台、中国政府网、国务院客户端等媒体提供，在此一并表示感谢。

本书不妥之处，敬请批评指正。

新华网

2017年3月

编辑统筹：张振明
责任编辑：郑　治　池　溢
封面设计：肖　辉　石笑梦
责任校对：方雅丽

图书在版编目（CIP）数据

图解 2017 全国两会 / 新华网编．—北京：人民出版社，2017.3
ISBN 978-7-01-017526-3

I. ①图…　II. ①新…　III. ①全国人民代表大会-文件-2017-图解②中国人民政治协商会议-文件-2017-图解　IV. ① D622-64 ② D627-64

中国版本图书馆 CIP 数据核字（2017）第 049608 号

图解 2017 全国两会
TUJIE 2017 QUANGUO LIANGHUI

新华网　编

人民出版社 出版发行
（100706　北京市东城区隆福寺街 99 号）

北京盛通印刷股份有限公司印刷　新华书店经销

2017 年 3 月第 1 版　2017 年 3 月北京第 1 次印刷
开本：710 毫米 ×1000 毫米 1/16　印张：10
字数：138 千字　印数：00,001-30,000 册

ISBN 978-7-01-017526-3　定价：32.00 元

邮购地址 100706　北京市东城区隆福寺街 99 号
人民东方图书销售中心　电话（010）65250042　65289539